Daniela González-Sicilia Fernández

Jeu pathologique et troubles comorbides

Daniela González-Sicilia Fernández

Jeu pathologique et troubles comorbides

La comorbidité chez les joueurs pathologiques en traitement dans un centre de réadaptation en dépendance de Montréal

Éditions universitaires européennes

Impressum / Mentions légales
Bibliografische Information der Deutschen Nationalbibliothek: Die Deutsche Nationalbibliothek verzeichnet diese Publikation in der Deutschen Nationalbibliografie; detaillierte bibliografische Daten sind im Internet über http://dnb.d-nb.de abrufbar.
Alle in diesem Buch genannten Marken und Produktnamen unterliegen warenzeichen-, marken- oder patentrechtlichem Schutz bzw. sind Warenzeichen oder eingetragene Warenzeichen der jeweiligen Inhaber. Die Wiedergabe von Marken, Produktnamen, Gebrauchsnamen, Handelsnamen, Warenbezeichnungen u.s.w. in diesem Werk berechtigt auch ohne besondere Kennzeichnung nicht zu der Annahme, dass solche Namen im Sinne der Warenzeichen- und Markenschutzgesetzgebung als frei zu betrachten wären und daher von jedermann benutzt werden dürften.

Information bibliographique publiée par la Deutsche Nationalbibliothek: La Deutsche Nationalbibliothek inscrit cette publication à la Deutsche Nationalbibliografie; des données bibliographiques détaillées sont disponibles sur internet à l'adresse http://dnb.d-nb.de.
Toutes marques et noms de produits mentionnés dans ce livre demeurent sous la protection des marques, des marques déposées et des brevets, et sont des marques ou des marques déposées de leurs détenteurs respectifs. L'utilisation des marques, noms de produits, noms communs, noms commerciaux, descriptions de produits, etc, même sans qu'ils soient mentionnés de façon particulière dans ce livre ne signifie en aucune façon que ces noms peuvent être utilisés sans restriction à l'égard de la législation pour la protection des marques et des marques déposées et pourraient donc être utilisés par quiconque.

Coverbild / Photo de couverture: www.ingimage.com

Verlag / Editeur:
Éditions universitaires européennes
ist ein Imprint der / est une marque déposée de
OmniScriptum GmbH & Co. KG
Heinrich-Böcking-Str. 6-8, 66121 Saarbrücken, Deutschland / Allemagne
Email: info@editions-ue.com

Herstellung: siehe letzte Seite /
Impression: voir la dernière page
ISBN: 978-3-8416-6575-1

À mes parents, Rosa María et Ramón,
pour votre soutien et votre amour inconditionnel.

À Louise, ma directrice de recherche,
pour m'encourager à grandir
en tant que chercheure et en tant que personne.

TABLE DES MATIÈRES

INTRODUCTION 7

CHAPITRE 1
CADRE THÉORIQUE ET PROBLÉMATIQUE 9
    Le jeu pathologique 9
    Typologie des joueurs 11
    Prévalence du jeu pathologique 13
    Conséquences associées au jeu pathologique 15
    Comorbidité dans la population générale 16
    Comorbidité dans les échantillons cliniques 18
    Impact de la comorbidité sur le traitement 22
    Objectifs de l'étude 23
    Hypothèses 23

CHAPITRE 2
DÉMARCHE DE RECHERCHE 25
    Participants et processus de sollicitation 25
    Matériel et instruments de mesure 26

CHAPITRE 3
PRÉSENTATION DES RÉSULTATS 31
    Prévalence du jeu pathologique 35
    Jeu pathologique et consommation d'alcool et de drogues 36
    Jeu pathologique et détresse psychologique 40
    Jeu pathologique et trouble de l'état de stress post-traumatique 49

CHAPITRE 4

DISCUSSION ET INTERPRÉTATION DES RÉSULTATS **53**

La consommation d'alcool et de drogues chez les joueurs

pathologiques   54

La détresse psychologique chez les joueurs pathologiques   56

Concomitance du jeu pathologique et du trouble de l'état de stress

post-traumatique   60

Limites de l'étude   62

CONCLUSION **65**

LISTE DES RÉFÉRENCES **68**

ANNEXES **75**

ANNEXE 1 : Taux de prévalence des troubles psychiatriques

            comorbides chez les joueurs pathologiques

            (NESARC)   77

ANNEXE 2 : Caractéristiques sociodémographiques des différents

            types de joueurs   78

ANNEXE 3 : Comparaison des troubles comorbides chez les joueurs

            pathologiques de l'échantillon et chez les joueurs

            pathologiques dans la population générale   80

LISTE DES TABLEAUX

TABLEAU I :   Comparaison de l'échantillon avec la clientèle du
                centre de réadaptation en dépendance   34

TABLEAU II :   Classification des participants selon la gravité de leur
                problème de jeu   35

TABLEAU III :   Classification des participants selon la gravité de leur
                consommation d'alcool   36

TABLEAU IV :   Gravité de la consommation d'alcool à vie selon le
                score obtenu dans l'IGT   37

TABLEAU V :   Symptômes de détresse psychologique selon l'IGT   41

TABLEAU VI :   Scores obtenus pour les syndromes cliniques évalués
                dans le MCMI-III   43

TABLEAU VII :   Scores moyens obtenus pour les syndromes cliniques
                selon le sexe   44

TABLEAU VIII : Syndromes cliniques les plus élevés chez les
                participants   44

TABLEAU IX :   Scores obtenus pour les troubles de la personnalité
                selon le MCMI-III   47

TABLEAU X :   Scores moyens obtenus pour les troubles de la
                personnalité selon le sexe   47

TABLEAU XI :   Troubles de la personnalité les plus élevés chez les
                participants   48

TABLEAU XII :   Prévalence des différents événements traumatiques à
                vie selon le QÉT   51

LISTE DES FIGURES

FIGURE 1 : Distribution des participants selon les groupes
d'âge 31

FIGURE 2 : Distribution des participants selon la durée de
traitement 33

FIGURE 3 : Distribution des participants selon la gravité de leur
problème de jeu 35

FIGURE 4 : Distribution des participants selon la gravité de leur
consommation d'alcool 37

FIGURE 5 : Distribution des participants selon la gravité de leur
consommation de drogues 38

FIGURE 6 : Polyconsommation à vie 39

FIGURE 7 : Substances causant un problème majeur 39

FIGURE 8 : Syndromes cliniques les plus élevés chez les
participants 45

FIGURE 9 : Troubles de la personnalité les plus élevés chez les
participants 49

FIGURE 10 : Nombre total d'événements traumatiques vécus à vie
selon le QÉT 50

FIGURE 11 : Distribution des participants selon la présence de
symptômes du trouble de l'ÉSPT 51

LISTE DES ABRÉVIATIONS

ASI   *Addiction Severity Index*

AUDIT   *Alcohol Use Disorders Identification Test*

CPGI   *Canadian Problem Gambling Index*

ÉMST   Échelle modifiée des symptômes du trouble de stress post-traumatique

ÉSPT   état de stress post-traumatique

ICJE   Indice canadien du jeu excessif

IGT   Indice de gravité d'une toxicomanie

MCMI-III   Inventaire clinique multiaxial de Millon – III

NESARC   *National Epidemiologic Survey on Alcohol and Related Conditions*

PTSD   *post-traumatic stress disorder*

QÉT   Questionnaire d'événements traumatiques

INTRODUCTION

Un grand nombre de gens participe aux jeux de hasard et d'argent au cours de leur vie sans développer un problème avec leurs habitudes de jeu. Cependant, il y a une petite proportion de ces gens qui deviennent des joueurs pathologiques. Pour ces personnes, le jeu devient un comportement très problématique avec des conséquences négatives graves qui affectent toutes les sphères de leur vie.

Plusieurs études réalisées à travers le monde auprès des joueurs pathologiques, soit dans la population générale soit dans les centres de traitement, ont démontré que le jeu est souvent accompagné d'autres troubles comorbides tels que la consommation d'alcool et de drogues, les troubles de l'humeur, les troubles anxieux et les troubles de la personnalité (Bagby et al., 2008; Kessler et al., 2008; Ledgerwood et Petry, 2006; Pelletier, 2006; Petry et al., 2005; Rush et al., 2008; Sacco et al., 2008; Sáez-Abad et Bertolín-Guillén, 2008; Smith et al., 2007; Valleur et Bucher, 2006). Cette comorbidité augmente la détresse chez le joueur qui doit faire face non seulement aux difficultés associées au jeu, mais aussi aux symptômes causés par les autres troubles. En outre, lorsque le joueur amorce un traitement, il est nécessaire d'identifier la présence d'autres troubles comorbides afin de mieux répondre aux besoins de la personne et de l'aider non seulement avec son problème de jeu, mais aussi avec ses autres problématiques.

Pour ces raisons, on a décidé de réaliser cette étude auprès les joueurs pathologiques admis en traitement dans un centre de réadaptation en dépendance de la région de Montréal, Canada, afin d'évaluer la prévalence des troubles comorbides qui viennent aggraver leur situation et augmentent les risques de récidives.

Les objectifs étaient d'évaluer chez les participants de l'étude la consommation d'alcool et de drogues, la présence d'une détresse psychologique caractérisée par des symptômes et des syndromes cliniques ainsi que par des troubles de la personnalité, puis la prévalence du trouble de l'état de stress post-traumatique (ÉSPT).

Cet ouvrage est composé de quatre chapitres. Dans le premier chapitre, le jeu pathologique est défini et ses principales caractéristiques sont brièvement décrites. Ensuite, les typologies des joueurs qui ont été proposées par plusieurs auteurs sont mentionnées. Après, les taux de prévalence du jeu pathologique observés dans des études américaines, canadiennes et québécoises sont rapportés et les conséquences associées au jeu pathologique sont exposées. Par la suite, une révision des études existantes est faite afin de présenter les troubles comorbides dans des échantillons tirés de la population générale ainsi que dans des échantillons cliniques. Puis, l'impact de la comorbidité sur le traitement est décrit. Finalement, les objectifs et les hypothèses de l'étude sont indiqués.

Le deuxième chapitre porte sur la démarche de recherche. D'abord, le processus de recrutement et de sollicitation des participants est précisé. Ensuite, une description des matériels et des instruments de mesure utilisés est faite, suivie par le traitement statistique réalisé. Enfin, les risques de la recherche sont énoncés.

Dans le troisième chapitre, la présentation des résultats est faite : description sociodémographique de l'échantillon, prévalence du jeu pathologique chez les participants, consommation d'alcool et de drogues, présence d'une détresse psychologique, en faisant référence aux symptômes, syndromes cliniques et troubles de la personnalité présents, événements traumatiques vécus par les participants et taux de prévalence du trouble de l'ÉSPT.

Le dernier chapitre porte sur la discussion et l'interprétation des résultats. Chacune des hypothèses est discutée et expliquée en faisant référence aux résultats trouvés dans l'échantillon étudié ainsi qu'aux résultats des études antérieures révisées dans le premier chapitre du texte.

Les quatre chapitres sont suivis par la conclusion générale de l'étude.

Le texte de cette publication a été présenté comme mémoire pour l'obtention du grade de maitrise en psychologie (M.Sc.) à l'Université de Montréal, en octobre 2012, sous la direction de Louise Nadeau.

CHAPITRE 1
Cadre théorique et problématique

Le jeu a toujours fait partie intégrante de la vie quotidienne des gens. On peut trouver son origine dès les premières civilisations humaines. Par exemple, les dés ont été la première invention de l'homme pour produire des événements aléatoires. Ils étaient utilisés dans l'Égypte ancienne et en Grèce. Les cartes ont été introduites en Occident par les Arabes au XIVe siècle. La roulette a commencé à être utilisée en France au XVIIIe siècle. Finalement, les machines à sous ont été inventées à la fin du XIXe siècle aux États-Unis et par la suite, leur version électronique (les appareils de loterie vidéo) est devenue le principal instrument du jeu dans plusieurs sociétés (Valleur et Bucher, 2006).

Même si le jeu a toujours existé, les jeux de hasard et d'argent sont devenus beaucoup plus accessibles et populaires depuis leur légalisation dans les pays industrialisés. Aux États-Unis, le jeu a été légalisé en 1931 et c'est après la Seconde Guerre mondiale que Las Vegas est devenue la capitale mondiale du jeu (Valleur et Bucher, 2006). Au Canada, par contre, la plupart des jeux de hasard et d'argent étaient illégaux jusqu'à 1969 quand le gouvernement fédéral a amendé le Code criminel du Canada et légalisé le jeu (Campbell et al., 2005). Au Québec, c'est aussi en 1969 que le Gouvernement québécois a commencé à exercer le rôle de contrôleur et de promoteur du jeu avec la création de deux nouvelles sociétés d'État : la Régie des alcools, des courses et des jeux (RACJ) et Loto-Québec, le principal promoteur des jeux de hasard et d'argent dans la province (Caux, 2003).

Le jeu pathologique

Le jeu pathologique a été officiellement reconnu par *l'American Psychiatric Association* (APA) comme un trouble clinique en 1980 dans le *Diagnostic and Statistical Manual of Mental Disorder,* troisième édition (DSM-III). Depuis lors, le jeu pathologique était classifié comme un trouble de l'impulsion avec la kleptomanie, la pyromanie, le trouble explosif intermittent et la trichotillomanie (APA, 1980). Selon le *Diagnostic and Statistical Manual of Mental Disorder,* quatrième édition (DSM-IV-TR) (APA, 2000), le jeu pathologique est un trouble caractérisé par un comportement de jeu inadapté, persistant et récurrent qui ne peut pas être mieux expliqué par un épisode maniaque d'un trouble bipolaire.

Même si le jeu pathologique a toujours été classifié parmi les troubles de l'impulsion, il s'agit d'un trouble qui comprend des critères diagnostiques associés aux troubles liés aux substances. Pour cette raison, quelques auteurs estiment que le jeu pathologique peut être considéré comme une addiction (Grant et Kim, 2003), ce qui devrait être le cas dans le *Diagnostic and Statistical Manual of Mental Disorder,* cinquième édition (DSM-V) (APA, 2012).

En fait, plusieurs études ont été réalisées récemment pour examiner les modifications qui sont prévues pour le jeu pathologique dans le DSM-V (Mitzner et al., 2010; Temcheff et al., 2011). Trois changements ont été proposés. Le premier est la reclassification du jeu pathologique dans les troubles addictifs, étant donné que le jeu a des caractéristiques plus similaires aux troubles liés aux substances qu'aux troubles de l'impulsion. La similarité entre l'addiction aux substances et les comportements addictifs a été démontrée dans plusieurs études (Grant et al., 2002; Mitzner et al., 2010; Temcheff et al., 2011). Pour cette raison, la majorité de chercheurs ont exprimé leur soutien pour ce changement. Les autres deux changements ont créé plus de controverse. L'un propose d'enlever le critère des actes illégaux car selon plusieurs chercheurs, ceux-ci n'apparaissent que rarement; l'autre propose de réduire le seuil de cinq à quatre symptômes pour diagnostiquer les joueurs pathologiques. Il faudrait toutefois soutenir ces prises de positions par des données de recherche avant d'établir les modifications définitives.

Typologies des joueurs

Même si les joueurs pathologiques ont certaines caractéristiques en commun, de nombreuses études ont montré que les joueurs forment en réalité un groupe hétérogène, avec des particularités qui les distinguent les uns des autres. Pour cette raison, plusieurs chercheurs ont essayé de classifier les joueurs pathologiques dans des différents sous-types en identifiant les facteurs caractéristiques de chacun de ces sous-types (Blaszczynski, 2000; Ledgerwood et Petry, 2010; Milosevic et Ledgerwood, 2010).

La première classification a été faite en 1970 par Moran auprès de 50 joueurs pathologiques en traitement. Moran a trouvé cinq sous-types chez ces joueurs. Le premier, le joueur sous-culture, est une personne qui commence à jouer à cause de la pression sociale (famille/amis). Chez le joueur névrotique, par contre, le jeu lui donne un soulagement pour les situations stressantes de sa vie et ses difficultés émotionnelles. Un troisième sous-type, le joueur impulsif, présente une perte de contrôle sur ses habitudes de jeu et des conséquences sociales délétères liées au jeu. Le joueur psychopathe joue comme réponse à son trouble de personnalité antisociale. Finalement, pour le joueur symptomatique, la fonction du jeu est de soulager ou réduire d'autres symptômes psychiatriques tels que la dépression ou l'anxiété (Milosevic et Ledgerwood, 2010).

Plus récemment, Blaszczynski (2000) a essayé d'identifier les typologies des joueurs pathologiques en fonction de l'étiologie, la psychopathologie et la personnalité des individus. Dans son modèle, il a trouvé trois éléments qui ont une influence sur tous les joueurs pathologiques, indépendamment du sous-groupe auquel ils appartiennent. Ces trois éléments sont : la disponibilité et l'accès au jeu, le conditionnement associé au jeu (des renforcements positifs et négatives), et le développement des schèmes cognitifs irrationnels qui donnent une illusion de contrôle et une perception erronée de la probabilité de gagner au jeu.

Même si ces trois facteurs sont les mêmes pour tous les joueurs, on peut quand même identifier trois sous-types des joueurs pathologiques : les joueurs compulsifs «normaux», les joueurs émotionnellement vulnérables et les joueurs biologiquement impulsifs. Pour les joueurs du premier sous-groupe, le problème de jeu commence comme résultat des effets de conditionnement et des cognitions erronées. Avant de commencer à joueur, ils ne présentaient pas des problèmes psychologiques. Néanmoins, une fois que le problème de jeu est installé, ils peuvent présenter des troubles psychiatriques (consommation des substances, dépression, anxiété) comme une réponse aux conséquences négatives associées au jeu. Dans le deuxième sous-groupe par contre, la psychopathologie (dépression, anxiété, dépendances aux substances, troubles de personnalité, etc.) est déjà présente chez les individus avant de commencer à avoir des problèmes de jeu. Dans ce cas, ils jouent pour moduler des états affectifs négatifs causés par des expériences négatives vécues dans l'enfance. Finalement, les joueurs dans le troisième sous-groupe se caractérisent par un dysfonctionnement neurologique ou neurochimique important qui se reflète dans l'impulsivité et le trouble de l'attention. Ces individus jouent pour chercher des sensations gratifiantes. Mais souvent, les joueurs de ce sous-groupe présentent plusieurs problèmes de comportement tels que la consommation excessive d'alcool ou de drogues, l'irritabilité, des tendances suicidaires, et des comportements criminels (Blaszczynski, 2000).

De nombreux chercheurs ont soutenu les typologies proposées par Blaszczynski. Certains d'entre eux ont même essayé de prédire le pronostic du traitement pour chaque sous-type. Ledgerwood et Petry (2010), par exemple, ont fait une étude en utilisant les typologies de Blaszczynski et ils ont observé que les joueurs du premier sous-groupe avaient plus de probabilité de devenir asymptomatiques ou de ne plus répondre aux critères du jeu pathologique après le traitement. Les autres deux sous-groupes par contre, même s'ils s'amélioraient avec le traitement, continuaient à présenter des symptômes à l'issue du traitement.

Prévalence du jeu pathologique

Plusieurs études populationnelles ont mesuré la prévalence du jeu pathologique dans les sociétés nord-américaines. Aux États-Unis, Kessler et al. (2008) ont réalisé une étude avec un échantillon représentatif de la population générale composé par 9 282 adultes de 18 ans et plus en utilisant le *World Health Organization Composite International Diagnostic Interview* (CIDI) qui produit un diagnostic selon les critères du *Diagnostic and Statistical Manual of Mental Disorder,* quatrième édition (DSM-IV). Cette étude a observé que 78,4 % des participants de l'échantillon ont joué au moins une fois dans leur vie, 2,3 % ont présenté des problèmes avec le jeu et 0,6 % ont été diagnostiqués comme joueurs pathologiques.

L'étude *National Epidemiologic Survey on Alcohol and Related Conditions* (NESARC) (Petry et al., 2005), dirigée par le *National Institute on Alcohol Abuse and Alcoholism*, a été la plus vaste enquête jamais réalisée sur la comorbidité, dans laquelle les troubles liés aux substances, les troubles de l'humeur, les troubles anxieux et les troubles de la personnalité ont été évalués entre 2001 et 2002 chez un échantillon représentatif de la population des États-Unis. Elle comprenait 43 093 adultes de 18 ans et plus. L'enquête a utilisé l'*Alcohol Use Disorder and Associated Disabilities Interview Schedule-DSM-IV* (AUDADIS-IV) et a examiné les diagnostics à vie et au cours des 12 derniers mois précédant l'évaluation. Le taux de prévalence du jeu pathologique à vie obtenu dans l'étude NESARC a été de 0,42 % et celui des 12 derniers mois comportait trop de variabilité pour être publié, bref, il était trop petit pour être généralisé à toute la population.

Au Canada, l'Enquête sur la santé dans les collectivités canadiennes, cycle 1,2 (ESCC 1,2) a été réalisée en 2002 par Statistique Canada avec un échantillon représentatif de 36 984 adultes non institutionnalisés de 15 ans et plus. Le *Canadian Problem Gambling Index* (CPGI) a été utilisé pour mesurer le jeu pathologique dans les 12 derniers mois tandis que les autres troubles mentaux à vie ont été évalués à partir du *Composite International Diagnostic Interview* (CIDI). Les résultats ont montré que 2,8 % des participants sont des joueurs de risque faible, 1,5 % sont des joueurs de risque modéré et 0,5 % sont des joueurs pathologiques probables (Rush et al., 2008). On ne connait pas le taux de prévalence du jeu pathologique à vie au Canada.

Au Québec, Kairouz et al. (2005) ont fait la même analyse en utilisant les mêmes données de l'Enquête sur la santé dans les collectivités canadiennes, cycle 1,2 (ESCC 1,2) réalisée par Statistique Canada. Le sous-échantillon représentatif de la province composé par 5 332 participants a montré un taux de prévalence de 80,5 % pour la participation totale au jeu dans les 12 derniers mois et un taux de prévalence de 1,7 % pour les problèmes avec le jeu (joueurs de risque modéré et joueurs pathologiques probables combinés).

Récemment, Kairouz et al. (2011) ont réalisé une autre étude auprès de 11 888 adultes représentatifs de la population du Québec et elles ont trouvé que la plupart d'entre eux (86,3 %) ont déjà joué aux jeux de hasard et d'argent au moins une fois au cours de leur vie, incluant les loteries, tandis que 70,4 % l'ont fait dans les 12 mois précédant l'enquête. Quant à la gravité des problèmes de jeu, l'étude révèle que 66 % sont des joueurs sans problème, 2,4 % sont de joueurs à faible risque, 1,3 % sont des joueurs à risque modéré et 0,7 % sont des joueurs pathologiques probables.

Dans cette même étude, les cinq activités de jeux les plus populaires au Québec au cours des 12 derniers mois sont : les loteries (65,2 %), les machines à sous (10,1 %), le poker (4,7 %), le bingo (4,6 %) et les appareils de loterie vidéo (4,6 %). De plus, l'étude montre que 10,4 % des Québécois ont joué au casino et 1,4 % ont joué sur internet dans l'année précédant l'étude (Kairouz et al., 2011).

En bref, ces études nous disent que, même en utilisant des différents instruments de mesure, en général, le taux de prévalence du jeu pathologique dans les sociétés nord-américaines se trouve entre 0,4 et 0,7 %.

Le jeu pathologique a été reconnu plus fréquemment chez les hommes que chez les femmes. Cette différence sexuelle a été observée dans toutes les études qui ont été consultées. La motivation pour jouer est aussi différente entre les hommes et les femmes. Fréquemment, les hommes jouent pour l'excitation ou pour trouver des sensations fortes. Les femmes, au contraire, jouent pour moduler des émotions négatives. Cette différence de motivation peut influer aussi sur les différentes comorbidités entre les sexes (Dannon et al., 2006; Petry et al., 2005).

Conséquences associées au jeu pathologique

Le jeu pathologique est associé à de nombreuses conséquences négatives tant pour l'individu et ses proches que pour la société en général, ce qui a été démontré dans plusieurs études (Desrosiers et Jacques, 2009; Ferland et al., 2008; Petry et al., 2005; Williams et al., 2011). Ces conséquences incluent des problèmes financiers, au travail, légaux, difficultés conjugales, interpersonnelles et psychologiques.

La conséquence la plus évidente est reliée aux finances du joueur. La grande majorité des joueurs pathologiques utilisent l'argent de la famille ou ils empruntent de l'argent à leurs amis ou proches pour jouer, ce qui cause des dettes élevées pour la personne. De plus, les joueurs peuvent avoir des problèmes au travail à cause des absences ou même des pertes d'emploi dues au jeu, ce qui aggravera les problèmes financiers mentionnés précédemment (Desrosiers et Jacques, 2009).

Les dettes peuvent également amener les joueurs à s'engager dans des activités illégales ou criminelles, tels que des fraudes, des vols, des falsifications, etc., leur causant des problèmes juridiques (Desrosiers et Jacques, 2009).

Au niveau interpersonnel, le jeu pathologique peut être associé à des taux élevés de divorce et de violence conjugale (Petry et al., 2005). Selon Desrosiers et Jacques (2009), plusieurs personnes proches du joueur seront touchées par ses habitudes de jeu, incluant la famille, les amis et les collègues de travail. Parmi ces personnes, les conjoints sont normalement les plus affectés. En fait, dans une étude réalisée auprès des conjoints des joueurs pathologiques, l'effet négatif du jeu sur la vie du couple a été mis en évidence (Ferland et al., 2008).

De plus, l'une des conséquences sociales les plus significatives du jeu pathologique est la perte de productivité due au temps que les joueurs passent à jouer, à penser au jeu ou à résoudre les problèmes causés par leurs problèmes de jeu (Fong, 2005).

Finalement, au niveau personnel, le jeu pathologique peut avoir des effets et des conséquences graves. Les problèmes liés au jeu, outre les autres conséquences mentionnées précédemment, peuvent causer une détresse psychologique importante chez le joueur, caractérisée par de nombreux symptômes tels que le stress, le sentiment de culpabilité, la dépression, l'anxiété et, dans les cas plus sévères, l'idéation suicidaire ou même les tentatives de suicide (Ferland et al., 2008). En fait, plusieurs études ont démontré l'association du jeu pathologique à des taux élevés de suicide (Ledgerwood et al., 2005).

Dans une étude réalisée par Petry et Kiluk (2002) aux États-Unis, 343 joueurs pathologiques ont été évalués lorsqu'ils étaient admis en traitement. Les instruments utilisés étaient l'*Addiction Severity Index* (ASI), pour mesurer les différentes sphères de la vie de la personne, et le *South Oaks Gambling Screen* (SOGS) pour mesurer le problème de jeu. Les résultats de cette étude ont montré que les participants qui avaient une histoire des pensées suicidaires et des tentatives de suicide avaient moins de probabilité d'être mariés, des scores plus élevés dans le SOGS (problème de jeu plus sévère), plus de dettes, plus de problèmes dans la sphère de relations familiales/interpersonnelles de l'ASI et plus de symptômes de détresse psychologique (dépression, anxiété, trouble de concentration et de mémoire, etc.) selon l'ASI.

Comorbidité dans la population générale

La comorbidité est la concomitance de deux troubles ou plus chez la même personne. Ces troubles peuvent se présenter les deux ensemble (comorbidité de troubles simultanés) ou chacun à différents moments dans la vie de la personne (comorbidité à vie) (Smith et al., 2007).

Selon les résultats de NESARC (voir annexe 1) citée précédemment, les joueurs pathologiques ont présenté des taux élevés de prévalence d'autres troubles psychiatriques à vie : un taux de prévalence de 25,42 % pour un trouble d'abus d'alcool; 47,79 % pour un trouble de dépendance à l'alcool; 26,92 % pour un trouble d'abus des drogues; 11,18 % pour un trouble de dépendance aux drogues; 60,37 % pour un trouble de dépendance à la nicotine; 49,62 % pour des troubles de l'humeur; 41,30 % pour des troubles anxieux; et 60,82 % pour des troubles de la personnalité. Parmi les troubles de l'humeur, la dépression a été la plus fréquente avec un taux de prévalence de 36,99 %. Parmi les troubles anxieux, la phobie spécifique a été la plus fréquente avec un taux de prévalence de 23,54 %. Les troubles de la personnalité avec les plus hauts taux de prévalence étaient : obsessionnelle compulsive (28,45 %), paranoïde (24,08 %) et antisociale (23,31 %). Comme on peut le constater dans l'annexe 1, la probabilité de présenter un diagnostic du jeu pathologique est 8,3 fois plus élevée lorsqu'il y a un trouble de la personnalité; 6,0 fois plus élevée chez les gens avec un trouble de consommation d'alcool; 4,4 fois plus élevée chez les toxicomanes; et 4,4 fois plus élevée lorsqu'il y a un trouble de l'humeur (Petry et al., 2005).

Dans l'étude réalisée par Kessler et al. (2008), les résultats ont montré une comorbidité similaire à celle trouvée dans l'étude NESARC. Les troubles à vie les plus fréquents chez les joueurs pathologiques ont été : les troubles de l'humeur (prévalence de 55,6 %), incluant la dépression majeure et la dysthymie (38,6 %) et le trouble bipolaire (17 %); les troubles anxieux (60,3 %), incluant les phobies (52,2 %) et le trouble de l'ÉSPT (14,8 %); les troubles de l'impulsion (42,3 %); et, surtout, les toxicomanies (76,3 %), en incluant la dépendance à la nicotine (63,0 %) et l'abus d'alcool ou des drogues (46,2 %).

Dans l'étude réalisée par Rush et al. (2008) au Canada, les résultats ont montré que la prévalence du jeu pathologique dans les 12 derniers mois augmente à mesure que les troubles de consommation d'alcool et des drogues sont plus sévères. En fait, la prévalence du jeu pathologique a été 3,0 fois plus élevée chez les participants avec un trouble de dépendance, par rapport à la prévalence observée dans la population générale.

En bref, ces études nous disent que, même si les taux de prévalence varient d'une étude à l'autre en raison des divers instruments de mesure utilisés, le jeu pathologique est souvent associé à d'autres troubles dans la population générale. L'association entre le jeu pathologique et les toxicomanies est la plus forte relation qui a été trouvée. De même, les troubles de l'humeur, les troubles anxieux et les troubles de la personnalité sont aussi très fréquemment présents chez les joueurs pathologiques.

Comorbidité dans les échantillons cliniques

La comorbidité dans des échantillons cliniques est différente de celle dans la population générale parce qu'il est plus probable pour une personne de chercher de l'aide professionnelle lorsqu'elle présente plus de symptômes ou plus de troubles psychiatriques en comparaison aux personnes qui présentent seulement un trouble ou un problème moins sévère (Petry et al., 2005).

Diverses études réalisées avec des échantillons cliniques des joueurs pathologiques à travers le monde ont corroboré la relation entre le jeu et les troubles à l'Axe I. Par exemple, les troubles liés aux substances ont été identifiés dans plusieurs études cliniques auprès de joueurs pathologiques. Au Minnesota, 35 % des joueurs pathologiques en traitement ont présenté un trouble de consommation des drogues; en Espagne, 35 % aussi un trouble de consommation des drogues; en Australie, 24 % un abus d'alcool et 11 % un abus ou dépendance à la marihuana (Smith et al., 2007).

Les troubles de l'humeur sont aussi très fréquents. Différentes études montrent une prévalence de la dépression qui varie entre 32 et 76 % et une prévalence de l'hypomanie de 38 % chez les joueurs pathologiques en traitement (Smith et al., 2007).

Les troubles anxieux sont présents fréquemment aussi. Dans une étude réalisée par Linden et al. (dans Smith et al., 2007) chez *Gamblers anonymes*, 4 % ont présenté une phobie sociale, un trouble d'anxiété généralisée ou un trouble d'agoraphobie avec un trouble de panique; 8 %, une phobie simple; et 16 %, un trouble de panique.

Dans une étude clinique réalisée par Ledgerwood et Petry (2006) avec des joueurs pathologiques en traitement, les participants ayant des scores les plus élevés dans l'évaluation des symptômes du trouble de l'ÉSPT ont eu aussi un problème de jeu à vie plus sévère. En fait, 88,6 % des participants ont vécu au moins un événement traumatique dans leur vie et 34,2 % présentaient un trouble de l'ÉSPT. De plus, les deux troubles (le jeu pathologique et l'ÉSPT) partagent de caractéristiques cliniques telles que l'impulsivité et la dissociation.

Selon quelques auteurs, le jeu pathologique est aussi associé aux troubles des conduites alimentaires. Par exemple, Lesieur et al. ont trouvé que la boulimie est fréquente chez les femmes qui présentent des problèmes avec le jeu. Néanmoins, il manque plus de recherche sur ce sujet (Valleur et Bucher, 2006).

En ce qui a trait aux troubles à l'Axe II, différentes études cliniques ont montré que le jeu pathologique est associé à presque tous les troubles de la personnalité. Selon le *Diagnostic and Statistical Manual of Mental Disorder,* quatrième édition (DSM-IV), un trouble de la personnalité est un mode durable des conduites et des expériences vécues qui dévie notablement de ce qui est attendu dans la culture de la personne (APA, 2000). Cette déviation est manifeste dans au moins deux des quatre domaines suivants : la cognition (la perception et la vision de soi-même, d'autrui et des événements), l'affectivité (la diversité, l'intensité, la labilité et l'adéquation de la réponse émotionnelle), le fonctionnement interpersonnel et le contrôle des impulsions. Ces modes de fonctionnement durables et rigides envahissent des situations personnelles et sociales très diverses et entraînent une souffrance cliniquement significative ou une altération du fonctionnement social, professionnel ou dans d'autres domaines importants. Un trouble de la personnalité est stable et prolongé et ses premières manifestations sont évidentes au plus tard à l'adolescence ou au début de l'âge adulte (APA, 2000). Le DSM-IV regroupe les troubles de la personnalité en trois catégories :

1. Groupe A (paranoïaque, schizoïde et schizotypique) : caractérisé par des comportements bizarres et des similarités phénoménologiques avec la schizophrénie.

2. Groupe B (antisociale, état limite, narcissique et histrionique) : caractérisé par des émotions instables, impulsives ou dramatiques, des comportements théâtraux ou capricieux, la désinhibition, et l'intolérance à la frustration.

3. Groupe C (évitante, dépendante et obsessionnelle-compulsive) : caractérisé par des comportements de crainte ou d'anxiété (APA, 2000).

Les taux de prévalence des troubles de la personnalité chez les joueurs pathologiques varient entre 25 et 93 %. Cet écart peut être expliqué par les différentes méthodologies utilisées pour évaluer les troubles ainsi que par les échantillons divers qui ont été étudiés (Bagby et al., 2008).

Une étude en Espagne a évalué les troubles de la personnalité dans deux groupes : le premier formé par 50 patients diagnostiqués comme joueurs pathologiques, le deuxième étant un groupe de contrôle (n=50) provenant de la population générale avec des caractéristiques sociodémographiques similaires à celles des patients. Les participants qui ont présenté un trouble comorbide de l'Axe I ont été exclus de cette étude. Le *South Oaks Gambling Screen* (SOGS) et le *Structured Clinical Interview for DSM Disorders − Axe II* (SCID-II) ont été utilisés comme instruments de mesure. Les résultats ont montré que 34 % des joueurs pathologiques avaient présenté des troubles de la personnalité en comparaison à un taux de prévalence de 8 % chez le groupe de contrôle. Les troubles de la personnalité les plus fréquents chez les joueurs pathologiques étaient : état limite (14 %), antisociale (6 %) et paranoïaque (6 %). Ainsi, 20 % des joueurs pathologiques ont présenté un trouble de la personnalité du groupe B (Sáez-Abad et Bertolín-Guillén, 2008).

Dans une étude réalisée par Sacco et al. (2008) à St. Louis, Missouri, 146 joueurs de 15 à 85 ans ont été évalués avec le *Computerized Gambling Assessment Module* (C-GAM) et le *Computer Assisted Structured Clinical Interview for DSM-IV Axis II Expert System* (CAS II ES), et 20 % de l'échantillon ont été diagnostiqués avec un trouble de la personnalité, principalement du groupe C. Le trouble de la personnalité obsessionnelle-compulsive a été le plus prévalent.

Au Canada, une étude avec 204 adultes entre 20 et 65 ans a évalué la relation entre le jeu pathologique et les troubles de la personnalité. Dans cette étude, il y avait un groupe de joueurs pathologiques et un groupe de contrôle. Les instruments de mesure utilisés ont été le CPGI et le *Structured Clinical Interview for DSM Disorders* (SCID, Axe I et II). La prévalence des troubles de la personnalité a été plus élevée chez le groupe de joueurs pathologiques que chez le groupe de contrôle. Les deux troubles les plus associés au jeu pathologique dans cet échantillon ont été l'état limite et le trouble de la personnalité histrionique (Bagby et al., 2008).

Au Québec, 100 joueurs pathologiques en traitement ont été évalués à partir des plusieurs instruments : l'Entrevue diagnostique sur le jeu pathologique-révisée (EDJP-R), l'entrevue diagnostique du jeu pathologique du DSM-IV et le SCID-II (Pelletier, 2006). Les résultats ont montré que 64 % d'entre eux présentaient un trouble de la personnalité. De plus, 25 % des joueurs pathologiques évalués ont présenté deux troubles de la personnalité comorbides. Dans cet échantillon, les troubles de la personnalité du groupe B (42 %) ont été plus fréquents chez les joueurs pathologiques que les troubles de la personnalité des groupes A (24 %) et C (27 %). Spécifiquement, les troubles de la personnalité les plus fréquents dans ce groupe de joueurs pathologiques ont été : antisociale (29 %), personnalité non spécifiée (27 %), paranoïaque (18 %), obsessionnelle-compulsive (16 %), narcissique (15 %), état limite (10 %) et évitante (10 %).

À partir de ces études avec des échantillons cliniques à travers le monde, il faut conclure que la plupart des joueurs pathologiques qui amorcent un traitement pour leur problème de jeu présentent aussi d'autres troubles comorbides. La consommation d'alcool et des drogues est très souvent présente chez les joueurs pathologiques en traitement, ainsi que les troubles de l'humeur (principalement la dépression) et les troubles anxieux. D'ailleurs, la présence d'un ou plusieurs troubles comorbides de la personnalité a aussi été démontrée dans les études cliniques auprès des joueurs pathologiques. Toutefois, différents troubles de la personnalité ont été identifiés comme les plus fréquents dans les divers échantillons évalués.

Impact de la comorbidité sur le traitement

Plusieurs études ont montré que souvent les joueurs pathologiques quittent prématurément le traitement. Par exemple, dans une étude clinique réalisée au Minnesota avec des joueurs pathologiques, 30 % d'entre eux n'ont pas complété le traitement. En plus, des études réalisées auprès des toxicomanes ont montré que la présence et la sévérité d'autres troubles comorbides peuvent affecter le succès ou l'issue favorable du traitement (Winters et Kushner, 2003). Pour cette raison, on peut penser que, chez les joueurs pathologiques en traitement, la présence de comorbidité peut avoir un effet comparable.

En fait, Hodgins et el-Guebaly (2010) ont suivi pendant une période de cinq ans un échantillon clinique de 101 joueurs pathologiques. Ils ont observé que ceux qui avaient un autre trouble comorbide (troubles liés aux substances ou troubles de l'humeur) présentaient plus de difficultés à atteindre l'abstinence. Plus spécifiquement, un diagnostic d'un trouble lié à l'alcool augmentait la probabilité de présenter des récidives. De plus, les participants sans antécédent de toxicomanie étaient 2,5 fois plus susceptibles d'arriver à l'abstinence. De même, pour les participants ayant présenté un trouble de l'humeur au cours de leur vie, rester abstinent était 46 % moins probable que pour ceux qui n'avaient jamais eu un trouble de l'humeur.

Pour ces raisons, il est important d'évaluer la prévalence de troubles comorbides chez les joueurs pathologiques en traitement afin d'essayer de mieux répondre aux besoins des clients et de prévenir les risques de récidives.

Objectifs de l'étude

Comme on peut le constater, dans les études populationnelles ainsi que dans les études cliniques, un grand nombre de joueurs pathologiques présente aussi un autre trouble associé, soit à l'Axe I, soit à l'Axe II. En fait, certaines études montrent que la présence d'un trouble augmente la probabilité de développer un comportement du jeu à risque.

Pour cette raison, il était important d'évaluer la prévalence de cette comorbidité chez les joueurs pathologiques en traitement dans la région de Montréal afin de bien répondre à leurs besoins et de les aider non seulement avec leur problème de jeu, mais aussi avec les divers symptômes psychiatriques qui viennent aggraver leur situation et augmenter les risques de rechute.

Plus précisément, le but de l'étude était d'obtenir une description des troubles comorbides présents dans l'échantillon afin de voir si les taux de prévalence trouvés chez les participants étaient similaires aux taux de comorbidité connus dans la population québécoise.

Par conséquent, les objectifs de cette étude ont été les suivants :

1. L'évaluation de la consommation d'alcool et de drogues.
2. L'évaluation de la détresse psychologique dans l'échantillon clinique (troubles à l'Axe I et troubles à l'Axe II).
3. L'évaluation du trouble de l'ÉSPT. Cet objectif a été inclus dans le projet en raison d'une demande spécifique de l'équipe clinique du Programme jeu pathologique du centre de réadaptation en dépendance où l'étude a été faite.

Hypothèses

Pour évaluer la comorbidité chez les joueurs pathologiques admis en traitement au Programme jeu pathologique du centre de réadaptation en dépendance étudié et atteindre les objectifs mentionnés ci-dessus, trois hypothèses ont été formulées pour l'étude :

a. La présence de problèmes de consommation d'alcool et de drogues chez les joueurs pathologiques du centre.
b. La présence d'une détresse psychologique chez les joueurs pathologiques en traitement caractérisée par :
   - La présence des symptômes et des syndromes cliniques (Axe I);
   - La présence des troubles de la personnalité (Axe II).
c. Une concomitance entre le jeu pathologique et le trouble de l'ÉSPT.

CHAPITRE 2
Démarche de recherche

Ce projet de mémoire a été approuvé le 25 mai 2010 par le Secrétariat des études supérieures de l'Université de Montréal. L'équipe clinique du Programme jeu pathologique du centre de réadaptation en dépendance étudié a accepté de collaborer au projet de recherche le 1er octobre 2010. Finalement, le projet a été soumis au Comité d'éthique de la recherche en toxicomanie (CÉRT) et l'approbation finale a été reçue le 14 février 2011.

Participants et processus de sollicitation

La population admise en traitement dans le centre de réadaptation en dépendance étudié est de 260 joueurs par année. L'équipe des cliniciens du Programme jeu pathologique a accepté de solliciter tous les usagers admis en traitement durant une période de six mois, pour obtenir un échantillon total de 40 participants. Cette taille de l'échantillon a été considérée pertinente, étant donné qu'il s'agissait d'une étude pilote voulant décrire les troubles comorbides présents chez les participants.

Le recrutement des participants a été fait en deux étapes. Dans une première étape, les intervenants ont sollicité directement les joueurs admis au centre à participer dans le projet, en leur présentant les caractéristiques générales de la recherche à travers une lettre de présentation. Ceux qui ont été intéressés à participer ont autorisé la communication de leurs coordonnées afin de pouvoir être contactés. Dans une deuxième étape, l'auteure de ce texte a contacté par téléphone les joueurs qui ont accepté de participer et leur a expliqué plus en détail le but de la recherche et le déroulement du projet. Chaque participant n'a été rencontré qu'une seule fois. Chaque rencontre a débuté par la lecture et signature d'un formulaire de consentement par le participant, suivie par l'administration des différents tests.

25

Les rencontres avec les participants, d'une durée approximative de 90 à 120 minutes, ont eu lieu entre avril et octobre 2011, dans deux points de service du centre de réadaptation en dépendance étudié, à Montréal. À la fin de la rencontre, chaque participant a reçu une compensation de 20 $ (en carte-cadeau d'une chaîne de pharmacies de détail canadienne).

Matériel et instruments de mesure

Le matériel et les tests qui ont été nécessaires pour la réalisation de cette étude incluent :

- Une lettre de présentation.
- Un formulaire de consentement.
- L'*Indice de gravité d'une toxicomanie* (IGT) : entrevue semi-structurée pour évaluer sept sphères chez les toxicomanes (consommation d'alcool, de drogues, état de santé physique, relations familiales/interpersonnelles, état psychologique, emploi/ressources, situation judiciaire. Le score obtenu dans chaque sphère indique la gravité dans ce domaine : 0-1, pas de problème réel; 2-3, problème léger; 4-5, problème moyen; 6-7, problème considérable; 8-9, problème extrême (Bergeron et al., 1998).

L'IGT est un instrument qui a été utilisé dans les centres québécois de réadaptation de toxicomanes depuis plus de 20 ans. L'IGT a été adapté et traduit de l'*Addiction Severity Index* (ASI) par McLellan et ses collaborateurs et diverses études de validation ont indiqué de bonnes qualités psychométriques tant au niveau de la validité (validité d'apparence, validité conceptuelle) que de la fidélité (test-retest, consistance interne) (Bergeron et al., 1998). Dans une étude réalisée par Petry (2007), les qualités psychométriques de l'ASI ont été évaluées et les résultats ont démontré une consistance interne dans l'instrument avec un coefficient alpha de chaque sous-échelle entre 0,68 et 0,84. La fidélité test-retest avec un intervalle d'un mois a été bonne aussi (r entre 0,68 et 0,94 pour chaque sous-échelle). Finalement, l'ASI a présenté une validité convergente, discriminante et prédictive.

- L'*Indice canadien du jeu excessif* (ICJE) ou *Canadian Problem Gambling Index* (CPGI) : composé de 9 items pour évaluer la gravité du jeu dans les 12 derniers mois et les problèmes associés. Une classification des joueurs peut être obtenue à partir du score total : 0, joueur sans problème; 1-2, joueur à faible risque; 3-7, joueur à risque modéré; 8 et plus, joueur excessif (Ferris et Wynne, 2001).

L'ICJE ou CPGI a démontré avoir des bonnes propriétés psychométriques. Dans une étude réalisée par Ferris et Wynne (2001), le CPGI a présenté une fidélité adéquate avec un coefficient de consistance interne de alpha=0,84 et une fidélité test-retest de r=0,78. Dans une étude plus récente réalisée par Holtgraves (2009), la fidélité du CPGI a été aussi très bonne (alpha=0,85). La validité du CPGI a aussi été démontrée en comparant ses scores à ceux du SOGS et à d'autres mesures et les corrélations ont été positives et significatives mais moins fortes (entre 0,001 et 0,24 selon chaque activité du jeu). La validité de construit a été démontrée grâce à une corrélation positive entre la sévérité du jeu pathologique et le nombre des distorsions cognitives chez le joueur (par exemple, la croyance de qu'on gagnera après plusieurs pertes).

- L'*Inventaire clinique multiaxial de Millon*^{TM} (MCMI-III) : instrument d'auto-évaluation composé de 175 questions de type vrai ou faux, comprenant 11 échelles des types de personnalité et trois échelles de troubles sévères de personnalité, équivalents à ceux du *Diagnostic and Statistical Manual of Mental Disorder* (DSM). Dix syndromes cliniques sont aussi évalués. Le score total pour chaque échelle indique : 0-74, score normal; 75-84, présence des signes du trouble de personnalité ou du syndrome clinique; 85 et plus, proéminence du trouble de personnalité ou du syndrome clinique (Millon et al., 2006; Nadeau et al., 1999).

Le MCMI-III a aussi présenté des qualités psychométriques adéquates. Dans une étude réalisée par Wetzler (1990), le MCMI a démontré avoir une bonne fidélité avec une consistance interne significative et une fidélité test-retest de 0,80. En comparant les scores du MCMI avec ceux d'autres instruments, le MCMI a présenté une validité concurrente ainsi qu'une validité de contenu en faisant une comparaison entre les sous-échelles du MCMI et les critères du DSM-IV.

• L'*Alcohol Use Disorders Identification Test* (AUDIT) : instrument pour évaluer la consommation à risque d'alcool, composé de 10 questions sur la consommation récente, les symptômes de dépendance et les problèmes associés à l'alcool. Les seuils d'interprétation pour le score total sont : 0-7, pas de problème de consommation; 8-19, probabilité de consommation dangereuse; 20 et plus, diagnostic potentiel de dépendance à l'alcool (Babor et al., 2001).

L'AUDIT présente aussi des qualités métriques adéquates. Reinert et Allen (2007) ont fait une révision des différentes études et ils ont trouvé que l'AUDIT présente un coefficient de consistance interne élevé avec une fidélité moyenne de 0,81. La fidélité a aussi été démontrée plusieurs fois à travers le test-retest. En outre, la validité de l'AUDIT a été démontrée parce que c'est un instrument adéquat pour mesurer la consommation d'alcool chez différents échantillons. Dans une autre étude réalisée par Gache et al. (2005), une version française de l'AUDIT a été validée. Les résultats ont montré une consistance interne forte (alpha=0,87) et l'AUDIT a été plus utile que des autres instruments pour discriminer entre les différents niveaux de consommation d'alcool.

• Le *Questionnaire d'événements traumatiques* (QÉT) : traduction française du *Trauma Assessment for Adults-Self Report,* composé de 13 questions évaluant plusieurs types d'événements traumatiques basées sur les critères du DSM-IV. Le score total indique le nombre total de types d'événements traumatiques vécus (Cusack et al., 2004).

Le QÉT, qui a été traduit du *Trauma Assessment for Adults* (TAA), présente aussi de bonnes qualités psychométriques. Dans une étude réalisée auprès d'un échantillon non clinique, le TAA a présenté une bonne fidélité test-retest avec un intervalle de 7 jours (r=0,80). Cet instrument a été comparé avec le *Traumatic Life Events Questionnaire* (TLEQ) et les résultats ont montré une corrélation importante (r=0,66). Dans une autre étude, les propriétés psychométriques du TAA ont été évaluées dans un échantillon clinique et il a été corrélé fortement avec le TLEQ (r=0,66) (Gray et al., 2009).

- L'*Échelle modifiée des symptômes du trouble de stress post-traumatique* (ÉMST) : questionnaire auto-administré pour évaluer la fréquence et la sévérité des 17 symptômes du trouble de l'état de stress post-traumatique. Le score indique le nombre de symptômes présents dans les deux dernières semaines. Un score de 14 et plus indique un diagnostic potentiel du trouble de l'état de stress post-traumatique (Guay et al., 2002).

L'ÉMST est le seul instrument qui a été validé au Québec. Dans une étude réalisée auprès d'un échantillon non clinique (Stephenson et al., 2000, dans Guay et al., 2002), l'ÉMST a démontré avoir des indices satisfaisants de consistance interne (alpha=0,92 pour la sous-échelle « Fréquence » et alpha=0,95 pour la sous-échelle « Sévérité ») et de fidélité test-retest avec un intervalle de 5 semaines (r=0,98). Les propriétés psychométriques de l'ÉMST ont été aussi évaluées dans un échantillon clinique (Guay et al., 2002) et les résultats de cette étude ont montré d'excellents coefficients de consistance interne (alpha=0,97 pour le score total et alpha=0,95 pour chacune des sous-échelles). L'ÉMST a aussi présenté une bonne fidélité test-retest (r=0,76 pour la sous-échelle « Fréquence », r=0,67 pour la sous-échelle « Sévérité » et r=0,72 pour le score total). Finalement, les scores de l'ÉMST ont été comparés aux scores d'autres instruments de mesure et ils sont corrélés positivement et significativement avec eux, ce qui vérifie la validité de l'ÉMST.

Les variables sociodémographiques des participants ont été analysées. Des tableaux de fréquence ont été obtenus pour chacune des variables. Le score de l'ICJE a été utilisé pour évaluer la gravité du problème de jeu dans l'échantillon. La prévalence de la consommation d'alcool et de drogues a été obtenue à partir des scores de l'AUDIT et de l'IGT. La présence d'une détresse psychologique a été évaluée à partir des symptômes psychologiques mesurés dans l'IGT et des syndromes cliniques et des troubles de la personnalité mesurés dans le MCMI-III. Les scores du

29

QÉT et de l'ÉMST ont aussi été analysés pour examiner la présence et la sévérité du trouble de l'ÉSPT dans l'échantillon. Le traitement statistique sera décrit au chapitre 3 lors de la présentation des résultats (Haccoun et Cousineau, 2007). Les données recueillies pour cette étude seront conservées pendant une durée de trois ans.

Les risques associés à la recherche ont été minimums étant donné que l'étude n'a compris qu'une entrevue semi-structurée et des questionnaires auto-rapportés. Les tests qui ont été administrés aux participants n'avaient pas pour objectif de diagnostiquer une condition particulière. Néanmoins, il était possible que les questions puissent soulever un malaise ou de l'anxiété chez les participants. Pour cette raison, ils ont été avertis dès le début du projet, à travers la lettre de présentation et le formulaire de consentement, que s'ils présentaient des malaises pendant leur participation au projet, ils pouvaient discuter de la situation avec les chercheurs ou avec l'équipe clinique du centre. Un encadrement a toujours été offert aux participants qui en avaient besoin. Toutefois, aucun participant a mentionné avoir des malaises à la suite de sa participation.

CHAPITRE 3

Présentation des résultats

Au total, 40 participants ont été rencontrés. L'échantillon était composé par 25 hommes et 15 femmes (62,5 % et 37,5 % respectivement). Parmi les 40 participants, l'âge moyen était de 51,08 ans avec un écart type de 13,605, le participant le plus jeune ayant 21 ans et le participant le plus âgé ayant 73 ans. Plus de la moitié de l'échantillon se trouve dans le groupe d'âge de 25-54 ans (55 %), avec un seul participant (2,5 %) de moins de 25 ans, 22,5 % entre 55 et 64 ans, et 20 % des participants de 65 ans et plus.

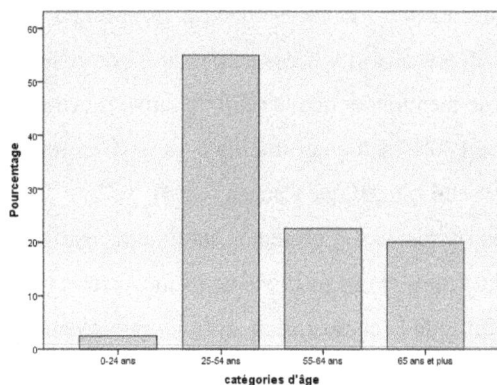

Figure 1 : Distribution des participants selon les groupes d'âge

En comparant les différents groupes d'âge par sexe, les proportions des hommes et des femmes dans chaque catégorie présentent des similitudes et des différences : un seul participant a moins de 25 ans (homme); dans la catégorie de 25-54 ans, on trouve des proportions similaires (56 % des hommes et 53,3 % des femmes); dans la catégorie de 55-64 ans par contre, on trouve une surreprésentation de femmes (33,3 % contre 16 % des hommes); et, finalement, dans la catégorie de 65 ans et plus, les hommes sont surreprésentés (24 % contre 13,3% des femmes). Un tableau plus détaillé sera présenté ultérieurement.

31

La plupart de participants sont nés au Québec (82,5 %). En termes de l'état civil, 25 % de l'échantillon sont présentement en couple (5 % mariés et 20 % en union libre), tandis que 75 % sont sans partenaire (42,5 % célibataires, 27,5 % séparés/divorcés, et 5 % veuf/ves). En ce qui concerne le niveau de scolarité, plus de la moitié de l'échantillon (55 %) a complété un maximum de 12 années, 35 % ont fait des études au cégep (partiel ou complété), et seulement 10 % ont fait des études à l'université (partielle ou complétée). Si on considère l'occupation actuelle, plus de la moitié des participants (57,5 %) est sur le marché du travail (45 % à temps plein et 12,5 % à temps partiel), tandis que 42,5 % d'entre eux sont sans emploi (25 % en retraite/invalidité, 12,5 % en aide sociale, et 5 % dans d'autres situations). Par ailleurs, le revenu personnel annuel des participants est variable : 15 % d'entre eux gagnent 11 999 $ et moins; 25 %, entre 12 000 $ et 19 999 $; 37,5 %, entre 20 000 $ et 29 999 $; 7,5 %, entre 30 000 $ et 39 999 $; et 15 % des participants ont un revenu de 40 000 $ et plus. C'est important de mentionner que le seuil de faible revenu pour une personne seule à Montréal est de 17 219 $, ce qui implique qu'environ un tiers des participants sont en dessous de ce seuil (Statistique Canada, 2004).

La durée de traitement des participants présente aussi une variabilité importante, avec une moyenne de 30,01 mois et une médiane de 24 mois (écart type = 35,32). Cette variabilité peut rendre difficile la comparaison entre les participants qui viennent de commencer le traitement et ceux qui l'ont suivi pendant plusieurs années. Par ailleurs, le recrutement d'un échantillon plus homogène aurait pris plus des six mois prévus.

Si les participants sont catégorisés selon la durée du traitement, les proportions dans chacune des catégories sont les suivantes : 7,5 % des participants sont en traitement depuis moins d'un mois; 25 % depuis plus d'un mois mais moins de 6 mois; 10 % depuis plus de 6 mois mais moins de 12 mois; 27,5 % depuis plus d'un an mais moins de trois ans; 15 % depuis plus de trois ans mais moins de six ans; et 15 % d'entre eux sont en traitement depuis six ans ou plus.

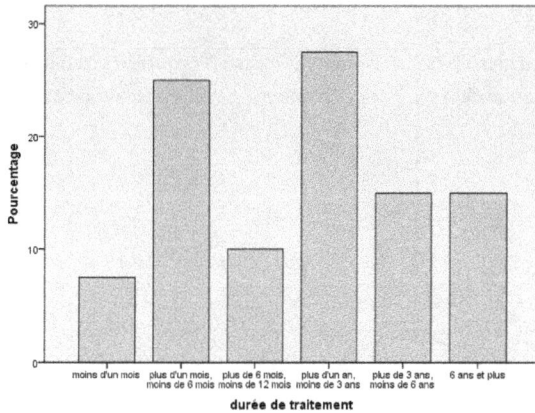

Figure 2 : Distribution des participants selon la durée de traitement

Si on compare l'échantillon de cette étude avec la clientèle ayant reçu des services dans le Programme jeu pathologique du centre de réadaptation en dépendance étudié, pendant l'année 2010-2011, on constate que les deux groupes sont similaires sociodémographiquement (âge, état civil, origine ethnique et occupation actuelle), comme on peut voir dans le tableau I. Ainsi, l'échantillon est représentatif de la clientèle du centre.

Tableau I : Comparaison de l'échantillon avec la clientèle du centre de réadaptation en dépendance

Variable	Fréquence dans l'échantillon	Pourcentage dans l'échantillon	Pourcentage dans la clientèle du centre
Groupe d'âge FEMMES :			
0-24 ans	0	0 %	1,42 %
25-54 ans	8	53,3 %	58,16 %
55-64 ans	5	33,3 %	23,40 %
65 ans et plus	2	13,3 %	17,02 %
Total femmes	15	37,5 %	36,43 %
Groupe d'âge HOMMES :			
0-24 ans	1	4 %	6,51 %
25-54 ans	14	56 %	67,07 %
55-64 ans	4	16 %	15,85 %
65 ans et plus	6	24 %	10,57 %
Total hommes	25	62,5 %	63,57 %
État civil :			
Mariés	2	5 %	18,60 %
Union libre	8	20 %	16,28 %
Séparés/divorcés	11	27,5 %	16,54 %
Veuf/ves	2	5 %	6,46 %
Célibataires	17	42,5 %	42,12 %
Origine ethnique :			
Nés au Québec	33	82,5 %	79,59 %
Autre	7	17,5 %	20,41 %
Occupation actuelle :			
Travail	23	57,5 %	45,99 %
Retraite	10	25 %	13,70 %
Aide social	5	12,5 %	17,57 %
Autres	2	5 %	22,74 %

Prévalence du jeu pathologique

Le score moyen obtenu dans l'ICJE était de 18,18 et la médiane de 20 (écart type=8,2). Comme on peut le constater dans le tableau II, seulement un des participants dans l'échantillon était un joueur sans problème (2,5 %); 5 % étaient des joueurs à faible risque; 7,5 % étaient des joueurs à risque modéré et la grande majorité des participants (85 %) étaient de joueurs pathologiques probables. Les caractéristiques sociodémographiques des différents types de joueurs sont présentées dans l'annexe 2.

Tableau II: Classification des participants selon la gravité de leur problème de jeu

Type de joueurs	N	%
Joueurs sans problème	1	2,5
Joueurs à faible risque	2	5
Joueurs à risque modéré	3	7,5
Joueurs pathologiques probables	34	85
Total	40	100

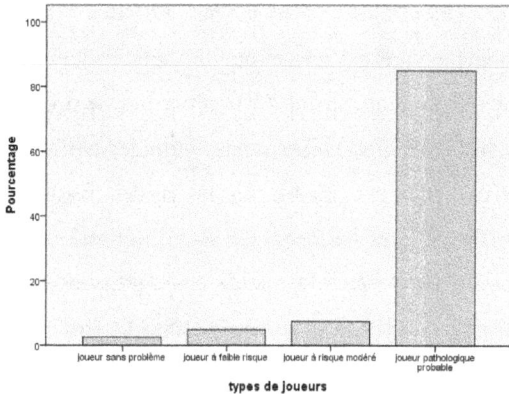

Figure 3 : Distribution des participants selon la gravité de leur problème de jeu

Jeu pathologique et consommation d'alcool et de drogues

La première hypothèse de l'étude avait pour objet l'évaluation de la consommation d'alcool et de drogues chez les joueurs pathologiques.

La consommation d'alcool dans les 12 derniers mois a été mesurée avec l'AUDIT. Le score moyen obtenu était de 3,73 avec un écart type de 5,17. Selon les résultats de ce test (indiqués dans le tableau III), 75 % des participants ne présentent pas de consommation à risque, tandis que 25 % ont une probabilité d'avoir une consommation à risque. Aucun participant n'a présenté un diagnostic potentiel de dépendance à l'alcool.

Tableau III : Classification des participants selon la gravité de leur consommation d'alcool

Score AUDIT	Pourcentage
0-7 : Pas de problème	75
8-19 : Probabilité de consommation à risque	25
20 et plus : Diagnostic potentiel de dépendance à l'alcool	0

En utilisant l'IGT, on a mesuré la gravité de la consommation d'alcool à vie chez les participants. Selon le score général obtenu dans la sphère d'alcool (tableau IV), actuellement 10 % des participants présentent un problème considérable ou extrême, 15 % ont un problème de gravité moyenne et 75 % n'ont pas de problème avec leur consommation ou ont un problème léger. Néanmoins, parmi les participants qui ne présentent pas de problème actuellement (30/40), 16 ont eu des histoires de consommation dans le passé : (quatre participants avec 1-5 ans d'utilisation, deux avec 6-10 ans d'utilisation et dix participants avec plus de dix ans d'utilisation). Ces résultats indiquent que 35 % de l'échantillon n'a jamais eu une consommation d'alcool problématique, mais 40 % des participants ont eu de problèmes dans le passé et 25 % traversent actuellement de tels problèmes.

Tableau IV: Gravité de la consommation d'alcool à vie selon le score obtenu dans l'IGT

Consommation actuelle	Fréquence	%	Consommation dans le passé
Problème considérable ou extrême	4	10	-
Problème de gravité moyenne	6	15	-
Pas de problème ou problème léger	30	75	35 % (14/40) : aucun an d'utilisation 10 % (4/40) : 1-5 ans d'utilisation 5 % (2/40) : 6-10 ans d'utilisation 25 % (10/40) : plus de 10 ans d'utilisation

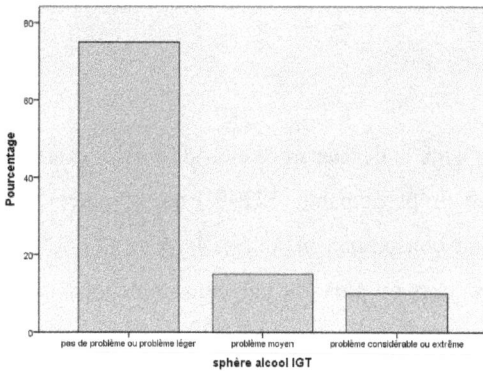

Figure 4 : Distribution des participants selon la gravité de leur consommation d'alcool

Si on considère la consommation d'alcool dans les 30 derniers jours, plus d'un tiers des participants (37,5 %) n'ont pas consommé d'alcool, 17,5 % ont consommé un seul jour et le reste (45 %) ont consommé trois jours ou plus. La consommation moyenne d'alcool était de 6,15 jours, avec une médiane de 1,00 jour (écart type=9,61).

En ce qui concerne la première consommation d'alcool, l'âge moyen pour l'échantillon était de 15,30 ans (écart type=3,93) avec un âge minimum de 3 ans et un âge maximum de 24 ans.

La gravité de la consommation de drogues à vie a aussi été mesurée avec l'IGT. Selon le score général obtenu dans la sphère des drogues, 72,5 % n'ont pas de problème ou ont un problème léger, 15 % ont un problème moyen et 12,5 % ont un problème considérable ou extrême.

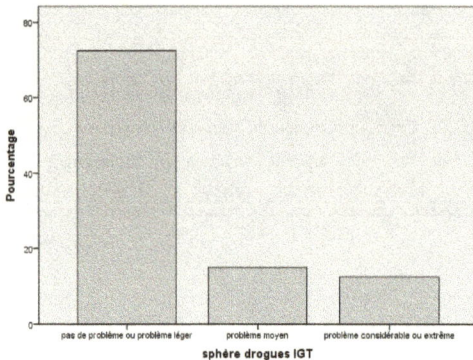

Figure 5 : Distribution des participants selon la gravité de leur consommation de drogues

De plus, la polyconsommation dans le dernier mois et à vie a été mesurée. Au cours de 30 derniers jours, la plupart de participants (57,5 %) ne présentent aucun jour de polyconsommation, 15 % ont consommé un jour et le reste (27,5 %) ont consommé plusieurs substances deux jours ou plus. La polyconsommation moyenne était de 1,98 jours, avec une médiane de 0,00 (écart type=5,01).

En ce qui concerne les années d'utilisation de plusieurs substances, 55 % de l'échantillon n'ont pas présenté des histoires de polyconsommation, mais 20 % des participants ont consommé plusieurs substances de façon régulière pendant 1-5 ans, 10 % pendant 6-10 ans et 15 % pendant plus de 10 ans.

L'âge moyen de la première consommation de drogues était de 21,67 ans (écart type=11,42) avec un âge minimum de 9 ans et un âge maximum de 62 ans.

En demandant aux participants dans l'IGT quelle substance leur causait un problème majeur, 5 % ont choisi l'alcool, 2,5 % le cannabis, 22,5 % l'alcool et les drogues ensemble, et 5 % les polydrogues. Le reste de l'échantillon (65 %) ne présentait aucun problème de consommation actuellement.

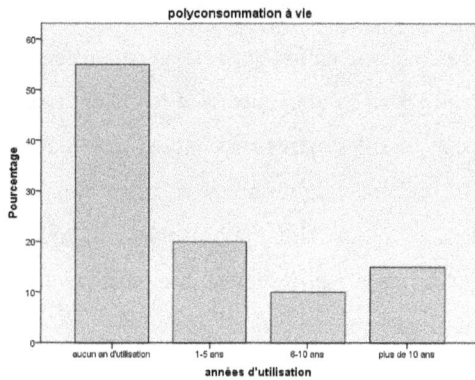

Figure 6 : Polyconsommation à vie

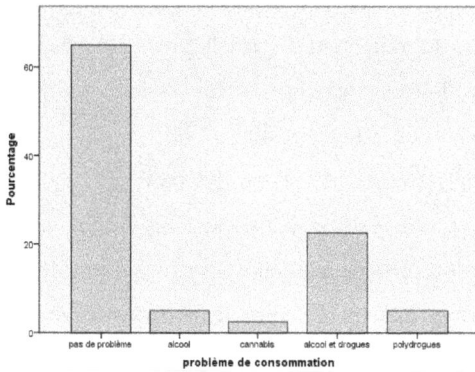

Figure 7 : Substances causant un problème majeur

Comme on peut le constater à partir des résultats présentés précédemment, les problèmes de consommation d'alcool et de drogues sont souvent présents chez les gens ayant un problème de jeu pathologique, ce qui soutient la première hypothèse de l'étude. Dans le cas de cet échantillon clinique, 65 % des participants ont présenté des problèmes avec leur consommation d'alcool, soit actuellement (25 %) soit dans le passé (40 %). En ce qui concerne les drogues, 27,5 % des participants présentent de problèmes avec leur consommation et 20 % d'entre eux ont présenté des histoires de polyconsommation dans le passé.

Selon l'Enquête sur la santé dans les collectivités canadiennes, cycle 1,2 (ESCC 1,2) (Kairouz et al., 2008), 16 % de la population québécoise ont présenté une consommation excessive d'alcool au cours des 12 derniers mois et 1,8 % ont présenté une dépendance à l'alcool. En ce qui concerne les autres substances, 12,8 % ont fait un usage régulier du cannabis et 3,2 % ont fait un usage régulier des autres substances illicites au cours des 12 derniers mois. Alors, la probabilité de présenter un problème de consommation d'alcool ou de drogues semble être plus élevée chez l'échantillon étudié que dans la population générale.

Jeu pathologique et détresse psychologique

La deuxième hypothèse de l'étude était qu'une détresse psychologique serait présente chez les joueurs pathologiques en traitement. Cette détresse a été mesurée, à partir de l'IGT et le MCMI-III, en faisant l'évaluation des symptômes et des syndromes cliniques ainsi que des troubles de la personnalité.

En utilisant l'IGT, les différentes sphères de la vie des participants ont été évaluées au cours du dernier mois et à vie. Les deux sphères les plus problématiques étaient l'état psychologique et les relations interpersonnelles. Dans la sphère de l'état psychologique, 37,5 % des participants avaient des problèmes considérables ou extrêmes actuellement, 35 % des problèmes de gravité moyenne et le reste de l'échantillon (27,5 %) n'a présenté aucun problème au niveau psychologique ou des problèmes légers. Dans la sphère des relations interpersonnelles, 27,5 % des participants avaient des problèmes considérables ou extrêmes actuellement, 35 % des problèmes de gravité moyenne et le reste (37,5 %) n'ont présenté aucun problème ou des problèmes relationnels légers.

Étant donné que la sphère de l'état psychologique était la plus problématique selon l'IGT, les différents symptômes de détresse psychologique évalués dans ce test ont aussi été analysés pour les 30 derniers jours et à vie (tableau V). La grande majorité des participants (87,5 %) ont présenté des symptômes de dépression ou d'anxiété à vie et presque la moitié d'entre eux en présentaient au cours du dernier mois (45 % pour la dépression et 52,5 % pour l'anxiété). De plus, 70 % des participants ont présenté des pensées suicidaires à vie et 22,5 % au cours du dernier mois, tandis que 40 % ont fait des tentatives de suicide à vie et 5 % au cours du dernier mois. Finalement, 80 % des participants ont déclaré avoir pris de médicaments pour des problèmes émotionnels ou psychologiques au cours de leur vie et 45 % d'entre eux en prenaient au cours des 30 derniers jours. Si on compare les résultats selon le sexe, il semble avoir des différences apparentes entre les hommes et les femmes. En fait, tous les symptômes sont plus présents chez les femmes que chez les hommes, sauf pour la dépression dans le dernier mois qui est plus fréquente chez les hommes.

Tableau V : Symptômes de détresse psychologique selon l'IGT

Symptômes		Tous	Hommes	Femmes
Dépression	*Dernier mois*	45 %	48 %	40 %
	À vie	87,5 %	84 %	93,3 %
Anxiété	*Dernier mois*	52,5 %	52 %	53,3 %
	À vie	87,5 %	84 %	93,3 %
Pensées suicidaires	*Dernier mois*	22,5 %	12 %	40 %
	À vie	70 %	60 %	86,7 %
Tentatives de suicide	*Dernier mois*	5 %	0 %	13,3 %
	À vie	40 %	28 %	60 %
Médicaments	*Dernier mois*	45 %	44 %	46,7 %
	À vie	80 %	72 %	93,3 %

Les taux de prévalence observés dans l'échantillon semblent être beaucoup plus élevés que ceux observés dans la population générale. En fait, selon l'Enquête sur la santé dans les collectivités canadiennes, cycle 1,2 (ESCC 1,2) (Kairouz et al., 2008), 11,2 % de la population québécoise ont présenté un diagnostic à vie d'au moins un trouble anxieux et 4,2 %, au cours des 12 derniers mois. En ce qui concerne la dépression majeure, 13,9 % ont présenté un diagnostic à vie et 4,8 % au cours des 12 derniers mois. De plus, 14,4 % ont présenté des pensées suicidaires à vie et 3,8 % au cours de 12 derniers mois, tandis que 3,5 % ont fait des tentatives de suicide à vie et 0,3 % l'ont fait au cours des 12 derniers mois. Cela veut dire que l'échantillon étudié semble être plus à risque de présenter des symptômes de détresse psychologique que la population générale. Néanmoins, une telle affirmation est très risquée étant donné que les variables de cette étude ont été mesurées différemment que dans les études portant sur la population générale, ce qui sera approfondi dans la discussion des résultats.

La prévalence de divers syndromes cliniques à vie chez les joueurs de l'échantillon a été évaluée à travers le MCMI-III. Le test d'une des participants a été invalidé à cause d'un excès de réponses manquantes et doubles. Pour cette raison, toutes les analyses ont été faites sur 39 participants (25 hommes et 14 femmes) au lieu de sur 40. Des scores ont été calculés pour chaque syndrome clinique. Un score de 75 à 84 indique que le participant présente des signes du syndrome tandis qu'un score de 85 et plus indique la proéminence du syndrome.

En utilisant le seuil de 85 et plus, la moyenne du nombre total de syndromes cliniques présentés était de 1,08 (écart type=1,22), avec 45 % des participants n'ayant présenté aucun trouble et le reste des participants ayant présenté d'un à un maximum de quatre syndromes cliniques (2,5 %), ce qui signifie que 52,5 % des participants ont eu un diagnostic probable d'au moins un syndrome clinique.

Si on considère les scores de 75 à 84, la moyenne du nombre total de syndromes cliniques présentés était de 2,33 (écart type=1,95), avec 25 % des participants n'ayant présenté aucun syndrome et des participants ayant présenté d'un jusqu'à un maximum de six syndromes cliniques (7,5 %), ce qui signifie que 72,5 % des participants ont eu un diagnostic d'au moins un syndrome clinique.

Le tableau VI indique les scores obtenus pour chaque syndrome clinique selon les deux seuils utilisés (85+ et 75-84). Au seuil de 85 et plus, les syndromes les plus prédominants étaient l'anxiété (27,5 %), la dépression majeure (25 %) et la dysthymie ainsi que la dépendance à l'alcool (15 % chacune). Les syndromes avec aucun participant ayant eu un score de 85 ou plus étaient la somatisation, le trouble de l'état de stress post-traumatique, le trouble de la pensée et le trouble délirant. Au seuil de 75-84, les syndromes cliniques les plus prédominants étaient l'anxiété (27,5 %), le trouble bipolaire ainsi que la dépendance aux drogues (20 % chacun), et la dépression majeure (17,5 %). Tous les syndromes ont obtenu des scores d'au moins 75.

Tableau VI : Scores obtenus pour les syndromes cliniques évalués dans le MCMI-III

Échelle MCMI-III	Score 85+		Score 75-84	
	%	Position	%	Position
Anxiété	27,5	1	27,5	1
Somatisation	0	7	2,5	10
Trouble bipolaire	12,5	5	20	2
Dysthymie	15	3	7,5	6
Dépendance alcool	15	3	10	5
Dépendance drogues	10	6	20	2
Trouble de l'ÉSPT	0	7	7,5	6
Trouble de la pensée	0	7	5	8
Dépression majeure	25	2	17,5	4
Trouble délirant	0	7	5	8

Les scores moyens obtenus pour chaque syndrome clinique sont montrés dans le tableau VII. La moyenne pour tous les syndromes était en dessous de 65. Le syndrome avec le score moyen le plus élevé était l'anxiété (moyenne=62,31, écart type=33,09), suivie par le trouble bipolaire (moyenne=60,62, écart type=23,61) et la dépendance aux drogues (moyenne=59,13, écart type=24,01). En comparant les scores moyens obtenus entre les hommes et les femmes, on peut voir que les hommes ont obtenu des scores plus élevés pour les syndromes d'anxiété, trouble bipolaire et dépendance (alcool et drogues), tandis que la dysthymie et la dépression majeure étaient plus élevées chez les femmes.

Tableau VII : Scores moyens obtenus pour les syndromes cliniques selon le sexe

Échelles MCMI-III	Score moyen (écart type)		
	Tous	Hommes	Femmes
Anxiété	62,31 (33,09)	64,36 (33,75)	58,64 (32,78)
Somatisation	48,10 (26,27)	47,68 (25,51)	48,86 (28,54)
Trouble bipolaire	60,62 (23,61)	64,24 (25,16)	54,14 (19,74)
Dysthymie	57,21 (28,82)	53,16 (28,16)	64,43 (29,60)
Dépendance alcool	57,74 (25,94)	63,44 (25,31)	47,57 (24,73)
Dépendance drogues	59,13 (24,01)	63,32 (24,17)	51,64 (22,65)
Trouble de l'ÉSPT	48,54 (23,73)	47,36 (23,96)	50,64 (24,08)
Trouble de la pensée	48,92 (26,45)	49,32 (24,86)	48,21 (30,06)
Dépression majeure	55,31 (32,09)	54,04 (30,11)	57,57 (36,45)
Trouble délirant	41,97 (27,44)	40,24 (28,66)	45,07 (25,84)

Si on considère exclusivement le syndrome clinique le plus élevé pour chaque participant (tableau VIII), un quart des participants ont obtenu le score le plus élevé dans l'anxiété. Néanmoins, il y a aussi un quart des participants qui n'ont pas obtenu de syndrome prédominant, étant donné que seulement les syndromes avec un score de 75 ou plus ont été considérés.

Tableau VIII : Syndromes cliniques les plus élevés chez les participants

Syndromes cliniques	Fréquence	Pourcentage
Aucun score de 75+	10	25
Anxiété	10	25
Trouble bipolaire	4	10
Dysthymie	5	12,5
Dépendance alcool	4	10
Dépendance drogues	4	10
Dépression majeure	1	2,5
Mixte	1	2,5
Total	39	97,5

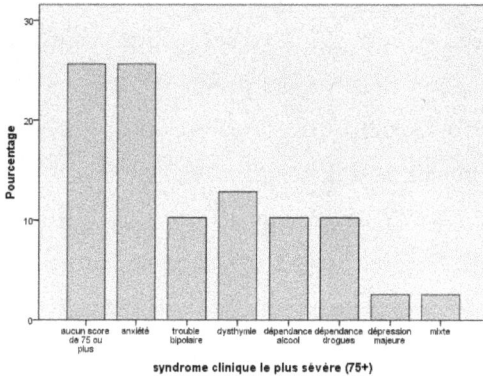

Figure 8 : Syndromes cliniques les plus élevés chez les participants

Selon ces résultats, pour 10 % de l'échantillon le trouble bipolaire est le syndrome clinique le plus élevé. Cependant, il faut noter que le trouble bipolaire est un des critères d'exclusion du jeu pathologique. Alors, il faudrait vérifier le diagnostic pour ces participants parce qu'en principe, ils devraient suivre un traitement pour le trouble bipolaire ou un traitement intégré qui mieux répondrait à leurs symptômes.

Comme on peut le constater à partir des résultats présentés précédemment, une proportion importante des participants ont présenté, soit dans le passé soit actuellement, des symptômes de détresse psychologique (anxiété, dépression, pensées suicidaires et tentatives de suicide) et même des syndromes cliniques spécifiques tels que l'anxiété, la dépression majeure et la dysthymie, ce qui soutient la première partie de la deuxième hypothèse de l'étude.

Outre que pour évaluer la prévalence des syndromes cliniques, le MCMI-III a également été utilisé pour mesurer les troubles de la personnalité chez les joueurs de l'échantillon. Les analyses ont été faites avec 39 participants étant donné qu'un des tests était invalidé, comme on l'a déjà expliqué. Des scores ont été calculés pour chaque échelle. Un score de 75 à 84 indique que le participant présente des signes de ce trouble de la personnalité tandis qu'un score de 85 et plus indique la proéminence du trouble.

45

En utilisant le seuil de 85 et plus, la moyenne du nombre total de troubles de la personnalité présentés était de 0,95 (écart type=1,19), avec des participants n'ayant présenté aucun trouble (42,5 %) et des participants ayant présenté d'un jusqu'à un maximum de cinq troubles (2,5 %), ce qui signifie que 55 % des participants ont eu un diagnostic probable d'au moins un trouble de la personnalité.

Si on considère les scores de 75 à 84, la moyenne du nombre total de troubles de la personnalité présentés était de 2,92 (écart type=1,98), avec des participants n'ayant présenté aucun trouble (7,5 %) et des participants ayant présenté un jusqu'à un maximum de sept troubles (5 %), ce qui signifie que 90 % des participants ont eu un diagnostic d'au moins un trouble de la personnalité.

Le tableau IX indique les scores obtenus dans chaque échelle selon les deux seuils utilisés (85+ et 75-84). Au seuil de 85 et plus, les échelles les plus prédominantes en ordre décroissant étaient : dépendante (22,5 %), dépressive (20 %) et narcissique (15 %). Les échelles n'ayant pas de participants avec un score de 85 ou plus étaient : sadique, compulsive, négativiste, schizotypique, limite ni paranoïaque. Au seuil de 75-84, les échelles les plus prédominantes en ordre décroissant étaient : dépendante (35 %), limite (27,5 %) et schizoïde ainsi qu'évitante (20 % chacune). La seule échelle n'ayant pas de participants avec un score de 75 à 84 était la personnalité sadique.

Les scores moyens obtenus pour chaque échelle sont montrés dans le tableau X. La moyenne pour toutes les échelles était en dessous de 70. L'échelle avec le score moyen le plus élevé était la personnalité dépendante (moyenne=68,46, écart type= 24,37), suivie par les personnalités schizoïde (moyenne=63,56, écart type=21,14) et antisociale (moyenne=60,97, écart type=22,25). Les hommes ont obtenu des scores plus élevés dans les échelles dépendante et antisociale, tandis que les échelles dépressive et schizoïde étaient plus élevées pour les femmes.

Tableau IX : Scores obtenus pour les troubles de la personnalité selon le MCMI-III

Échelles MCMI-III	Score 85+		Score 75-84	
	%	Position	%	Position
Schizoïde	7,5	6	20	3
Évitante	5	7	20	3
Dépressive	20	2	22,5	5
Dépendante	22,5	1	35	1
Histrionique	2,5	8	5	10
Narcissique	15	3	5	10
Antisociale	10	4	17,5	6
Sadique	0	9	0	14
Compulsive	0	9	2,5	12
Négativiste	0	9	12,5	7
Masochiste	10	4	12,5	7
Schizotypique	0	9	2,5	12
Limite	0	9	27,5	2
Paranoïaque	0	9	10	9

Tableau X : Scores moyens obtenus pour les troubles de la personnalité selon le sexe

Échelles MCMI-III	Score moyen (écart type)		
	Tous	Hommes	Femmes
Schizoïde	63,56 (21,14)	61,24 (20,78)	67,71 (21,91)
Évitante	55,15 (26,14)	56,28 (23,83)	53,14 (30,70)
Dépressive	58,74 (29,94)	55,88 (29,77)	63,86 (30,65)
Dépendante	68,46 (24,37)	69,96 (21,75)	65,79 (29,16)
Histrionique	50,03 (22,36)	52,84 (21,93)	45,00 (23,06)
Narcissique	53,95 (25,57)	56,00 (23,13)	50,29 (30,01)
Antisociale	60,97 (22,25)	64,24 (22,73)	55,14 (20,89)
Sadique	51,36 (22,13)	52,52 (23,32)	49,29 (20,50)
Compulsive	51,69 (16,19)	50,96 (16,21)	53,00 (16,67)
Négativiste	54,64 (22,77)	50,92 (25,20)	61,29 (16,38)
Masochiste	59,87 (24,46)	60,60 (24,41)	58,57 (25,43)
Schizotypique	47,18 (25,85)	48,56 (23,50)	44,71 (30,39)
Limite	58,56 (25,05)	58,80 (23,93)	58,14 (27,89)
Paranoïaque	55,72 (18,38)	51,92 (20,89)	62,50 (10,20)
	N = 39	n = 25	n = 14

Si on compare la prévalence des troubles de la personnalité chez l'échantillon étudié avec celle trouvée dans la population générale, il semble avoir des différences importantes. Selon le NESARC (Petry et al., 2005), 60,82 % des joueurs pathologiques dans la population générale ont présenté un diagnostic à vie d'au moins un trouble de la personnalité. Les troubles les plus fréquents étaient, en ordre décroissant : obsessionnelle-compulsif (28,45 %), paranoïaque (24,08 %), antisociale (23,31 %), schizoïde (14,97 %), évitante (13,96 %), histrionique (13,10 %) et dépendante (3,19 %).

Si on considère exclusivement l'échelle la plus élevée de chaque participant (tableau XI), plus d'un tiers (35 %) de l'échantillon a obtenu le score le plus élevé dans l'échelle de personnalité dépendante et 15 % dans l'échelle de personnalité dépressive. Trois participants (7,5 %) n'ont pas obtenu d'échelle prédominante, étant donné que seulement les échelles avec un score de 75 ou plus ont été considérées.

Tableau XI : Troubles de la personnalité les plus élevés chez les participants

Échelles les plus élevées	Fréquence	Pourcentage
Aucun score de 75+	3	7,5
Schizoïde	4	10
Dépressive	6	15
Dépendante	14	35
Histrionique	2	5
Narcissique	5	12,5
Antisociale	5	12,5
Total	39	97,5

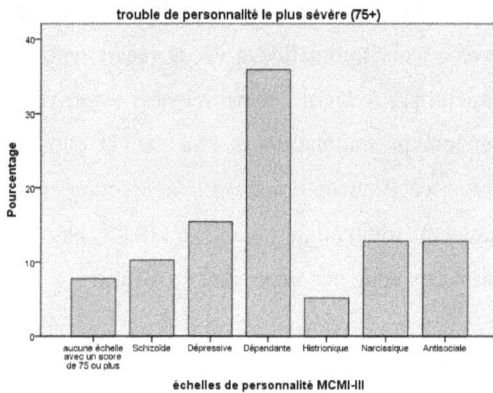

Figure 9 : Troubles de la personnalité les plus élevés chez les participants

Comme on peut le constater à partir des résultats présentés antérieurement, plus de la moitié de l'échantillon (55 %) présentent au moins un trouble de la personnalité selon le MCMI-III. De plus, plusieurs participants présentent deux ou plus troubles comorbides de la personnalité. Ces résultats soutiennent la deuxième partie de la deuxième hypothèse de l'étude. Alors, on peut conclure que les joueurs pathologiques de l'échantillon présentent une détresse psychologique importante, caractérisée par la présence des symptômes et syndromes cliniques ainsi que des troubles de la personnalité.

Jeu pathologique et trouble de l'état de stress post-traumatique

La troisième hypothèse de l'étude était qu'une concomitance entre le jeu pathologique et le trouble de l'ÉSPT serait trouvée chez les participants.

En utilisant l'IGT, les abus vécus à vie (émotionnel, physique et sexuel) ont été mesurés. Presque la moitié des participants (47,5 %) ont déclaré avoir vécu des abus émotionnels, 32,5 % ont révélé des abus sexuels et 30 % des abus physiques. Comme on peut le constater, il y a des participants qui ont vécu plusieurs types d'abus. En fait, presqu'un tiers d'entre eux (32,5 %) ont mentionné avoir été victimes de plusieurs types d'abus, 30 % ont déclaré un seul type d'abus et 37,5 % n'ont mentionné aucun abus.

49

Le nombre total d'événements traumatiques vécus à vie a été mesuré avec le QÉT. La moyenne était de 2,08 événements traumatiques vécus (écart type=1,46) avec des participants n'ayant vécu aucun (12,5 %) et des participants ayant vécu un jusqu'à un maximum de six événements traumatiques. Plus de la moitié de l'échantillon (55 %) a mentionné avoir vécu un ou deux événements traumatiques. L'âge moyenne du premier événement traumatique était de 19,73 ans (écart type=11,81) avec un âge minimum de 4 ans et un âge maximum de 49 ans.

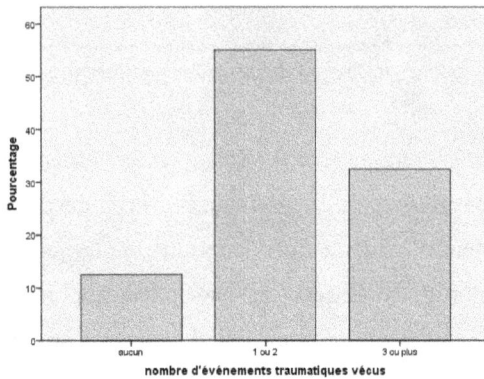

Figure 10 : Nombre total d'événements traumatiques vécus à vie selon le QÉT

Le tableau XII montre la prévalence de chaque type d'événement traumatique vécu ainsi que l'âge moyen de chacun. Les événements vécus par plus de participants étaient une peur de mourir (35 %), une autre situation traumatique (32,5 %) et un accident grave (27,5 %). Aucun participant n'a déclaré avoir vécu une guerre ou un combat, ni avoir un proche tué par un conducteur ivre.

Les symptômes du trouble de l'ÉSPT présents dans les deux dernières semaines ont été mesurés en utilisant l'ÉMST. Le score moyen obtenu était de 6,08, avec un écart type de 10,09. Plus de la moitié des participants (52,5 %) n'ont pas présentés de symptômes. Néanmoins, 30 % d'entre eux ont présenté quelques symptômes et 17,5 % ont obtenu un score indiquant la probabilité d'un diagnostic de trouble de l'ÉSPT.

Tableau XII : Prévalence des différents événements traumatiques à vie selon le QÉT

Type d'événement traumatique vécu	%	Âge moyenne
Guerre ou combat	0	NA
Accident grave	27,5	30,27
Désastre naturel	5	66
Agression sexuelle (avant 13 ans)	17,5	10,29
Agression sexuelle (13-18 ans)	15	15,33
Agression sexuelle (après 18 ans)	10	23
Agression physique (avec arme)	15	28,25
Agression physique (sans arme)	17,5	13,50
Blessure grave	5	18
Peur de mourir	35	26,92
Témoin d'une situation traumatique	25	30,67
Autre situation traumatique	32,5	34,60
Assassinat d'un proche	2,5	NSP
Proche tué par un conducteur ivre	0	NA

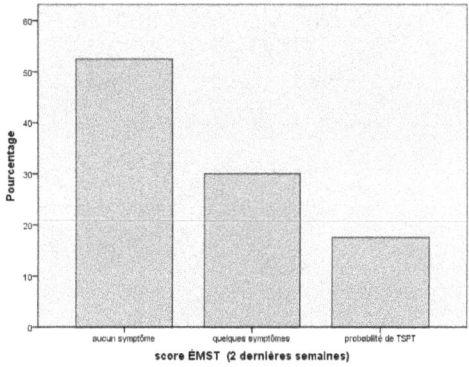

Figure 11 : Distribution des participants selon la présence de symptômes du trouble de l'ÉSPT

Selon le *National Comorbidity Survey Replication* (NCS-R) (Kessler et al., 2008), le taux de prévalence à vie du trouble de l'ÉSPT est de 14,8 % dans la population américaine. Cela veut dire que les participants de l'échantillon étudié semblent avoir une probabilité un peu plus grande de présenter un diagnostic du trouble de l'ÉSPT que les gens dans la population générale des États-Unis.

Comme on peut le constater à partir des résultats présentés précédemment, la grande majorité de l'échantillon (87,5 %) a vécu au moins un événement traumatique à vie. De plus, 30 % des participants ont présenté des symptômes du trouble de l'ÉSPT dans les deux semaines précédant l'étude et 17,5 % ont présenté un diagnostic probable de ce trouble, ce qui soutient la troisième hypothèse de l'étude concernant la concomitance entre le jeu pathologique et le trouble de l'ÉSPT.

CHAPITRE 4

Discussion et interprétation des résultats

Comme on peut le constater à partir des résultats présentés précédemment, la comorbidité est présente chez les joueurs pathologiques qui sont en traitement dans le centre de réadaptation en dépendance étudié. En fait, les participants de l'étude présentent plusieurs difficultés à part de leur problème de jeu. Néanmoins, les scores obtenus à l'ICJE montrent qu'il y a des participants (15 %) qui ne souffrent pas actuellement d'un problème de jeu pathologique (2,5 % sont des joueurs sans problème, 5 % sont des joueurs à faible risque et 7,5 % sont des joueurs à risque modéré). Ces participants ont été conservés pour l'analyse des résultats étant donné qu'ils ont été admis en traitement pour leur problème de jeu, même si celui n'est plus présent. Toutefois, il faut interpréter les résultats avec prudence parce que dans ces cas, on aurait une comorbidité à vie au lieu d'avoir des troubles comorbides présents de façon simultanée.

Dans la section qui suit, les résultats obtenus seront discutés en faisant référence aux objectifs et hypothèses de l'étude. Les taux de prévalence des troubles évalués dans l'échantillon seront comparés à ceux trouvés dans la population générale selon les études mentionnées dans le cadre théorique. Pourtant, il faut faire attention au moment d'interpréter ces différences observées parce que les diverses variables cliniques mesurées dans cette étude ont été évaluées à l'aide d'instruments de mesure différents à ceux utilisés dans les études auprès de la population générale, ce qui rend difficile la comparaison des taux. En plus, on ne peut pas considérer que ces différences apparentes sont en fait significatives étant donné que les analyses statistiques nécessaires pour faire une telle affirmation n'ont pas été effectuées.

De la même façon, les résultats montrent une différence entre les hommes et les femmes sur certaines variables cliniques telles que les symptômes de détresse psychologique, les syndromes cliniques ainsi que les troubles de la personnalité. Néanmoins, aucun test statistique n'a été fait pour savoir si ces différences sont

53

significatives. En conséquence, il faut interpréter et traiter ces différences avec prudence.

La consommation d'alcool et de drogues chez les joueurs pathologiques

Le premier objectif de l'étude était d'évaluer la consommation d'alcool et de drogues chez les joueurs pathologiques qui suivent un traitement au centre de réadaptation en dépendance étudié pour voir s'il y avait une comorbidité de ces deux problématiques.

En ce qui concerne l'alcool, selon les deux instruments utilisés pour mesurer la gravité de la consommation (l'AUDIT et l'IGT) lors de cette étude, un quart de l'échantillon présente actuellement une consommation à risque. Ce taux est 1,56 fois plus élevé que celui trouvé dans la population québécoise selon l'Enquête sur la santé dans les collectivités canadiennes, cycle 1,2 (ESCC 1,2) (Kairouz et al., 2008).

Lorsqu'on considère la consommation d'alcool à vie, on peut constater que près de la moitié des participants (40 %) présentent des histoires importantes de consommation dans le passé. Alors, cela veut dire qu'au total 65 % de l'échantillon étudié ont présenté ou présentent au cours des 12 derniers mois des problèmes de consommation d'alcool (25 % actuellement et 40 % dans le passé). Ce taux est similaire à ceux trouvés dans le NESARC (Petry et al., 2005) où 25,42 % des joueurs pathologiques dans la population générale ont présenté un abus d'alcool à vie et 47,79 % une dépendance à l'alcool à vie.

En ce qui concerne les drogues, 27,5 % des participants présentent une consommation problématique actuellement. Ce taux est 1,72 fois plus élevé que celui trouvé dans la population québécoise selon l'ESCC 1,2 (Kairouz et al., 2008).

Lorsqu'on examine la consommation à vie de plusieurs substances, on peut constater que près de la moitié de l'échantillon (45 %) présente des histoires importantes de polyconsommation. Ce taux est aussi similaire à ceux trouvés dans le NESARC (Petry et al., 2005) où 26,92 % des joueurs pathologiques dans la population générale ont présenté un abus de drogues à vie et 11,18 % une dépendance aux drogues à vie.

Il faut en conclure que, comme on l'avait formulé dans la première hypothèse de l'étude, ces troubles – jeu pathologique ainsi que consommation d'alcool et de drogues – se présentent souvent de façon concomitante, même si c'est dans des différents moments de la vie de la personne. Cette comorbidité a été démontrée dans la majorité des études faites auprès des joueurs pathologiques, soit dans la population générale soit dans des échantillons cliniques (Kessler et al., 2008; Petry el al., 2005; Rush et al., 2008; Smith et al., 2007).

En outre, plusieurs études ont démontré la similarité entre les critères diagnostiques du jeu pathologique et ceux des troubles reliés à la consommation de substances. Dans les deux cas, la substance ou le comportement addictif aide à la personne à satisfaire un besoin, mais il y a une perte de contrôle, des préoccupations et des pensées compulsives par rapport à la substance ou au comportement, une répétition du comportement en dépit des conséquences négatives, des signes de tolérance (besoin de consommer plus de substance ou de jouer plus ou avec plus d'argent pour atteindre la même excitation qu'avant) et des symptômes de sevrage tels que l'agitation, l'irritabilité, etc., lorsque la consommation ou le jeu est arrêté (APA, 2012; Grant et Kim, 2003; Temcheff et al., 2011).

Plusieurs explications peuvent clarifier la concomitance des problèmes de jeu pathologique et de la consommation d'alcool et de drogues. L'explication la plus évidente est la prise de risque. Divers études ont démontré que la prise de risque est souvent associée aux personnes qui sont à la recherche de sensations. Ces gens cherchent des sensations et des expériences nouvelles, variées, complexes et intenses et sont prêtes à prendre différentes sortes de risques (physiques, sociaux, juridiques et financiers) afin de vivre telles expériences et d'avoir du plaisir. La consommation d'alcool et de drogues ainsi que le jeu pathologique font partie de cette vaste gamme de comportements à risque (Barnes et al., 2005; Llewellyn, 2008; Reyna et Rivers, 2008).

D'autres hypothèses explicatives incluent : l'implication des mêmes processus neurobiologiques et systèmes cérébraux de récompense ainsi que des facteurs génétiques et environnementaux similaires. Diverses études ont démontré que les mêmes structures et fonctions cérébrales sont souvent affectées tant chez les toxicomanes comme chez les joueurs pathologiques. De plus, des études génétiques montrent que les mêmes gènes sont associées aux deux troubles (Grant et al., 2002; Petry, 2007).

Une dernière hypothèse pour expliquer cette concomitance serait que le jeu a remplacé la consommation et c'est pour cette raison qu'on trouve des histoires de consommation dans le passé des personnes qui ne consomment plus.

Alors, même si, dans cette étude, on ne connaît pas l'ordre d'apparition des deux troubles, on constate une comorbidité entre les deux problématiques. Deux processus pourraient être mis en cause : soit que la consommation de substances a désinhibé un comportement à risque tel que le jeu excessif, soit que le jeu pathologique a causé une initiation ou une augmentation de la consommation, soit que les deux troubles se sont présentés comme des conséquences à d'autres problématiques chez les participants.

Toutefois, il est nécessaire de noter que les troubles de consommation ne sont pas présentes chez tous les joueurs de l'échantillon. Les explications proposées précédemment ne peuvent donc pas s'appliquer à tous les participants de l'étude.

La détresse psychologique chez les joueurs pathologiques

Le deuxième objectif de l'étude était d'identifier la présence d'une détresse psychologique chez les joueurs pathologiques en traitement, caractérisée par des symptômes et des syndromes cliniques (Axe I) ainsi que par des troubles de la personnalité (Axe II).

Les résultats montrent que, selon l'IGT, une grande majorité de l'échantillon (72,5 %) a présenté des problèmes de gravité moyenne à extrême dans l'échelle de l'état psychologique. En ce qui concerne la prévalence de plusieurs symptômes de détresse psychologique, près de 9 participants sur 10 ont présenté des symptômes d'anxiété et de dépression à vie (87,5 %). Ces taux sont 7,81 et 6,29 fois plus élevé (pour l'anxiété et pour la dépression, respectivement) que ceux observés dans la population québécoise selon l'ESCC 1,2 (Kairouz et al., 2008). De plus, 70 % des participants ont présenté des pensées suicidaires à vie tandis que 40 % ont fait des tentatives de suicide au cours de leur vie. En comparant ces taux avec ceux obtenus dans l'ESCC 1,2 (Kairouz et al., 2008), on constate que les pensées suicidaires sont 4,86 fois plus élevés chez l'échantillon étudié que dans la population québécoise et les tentatives de suicide sont 11,43 fois plus élevées. Cela est un premier indicateur d'une importante détresse psychologique vécue par les participants.

La prévalence des syndromes cliniques a été évaluée avec le MCMI-III. Les résultats montrent que plus de la moitié de l'échantillon (52,5 %) a eu un diagnostic probable d'au moins un syndrome clinique. Les troubles comorbides qui ont été trouvés chez les participants étaient : l'anxiété (dans 27,5 % de l'échantillon), la dépression majeure (25 %), la dysthymie (15 %) et le trouble bipolaire (12,5 %). Étant donné que le trouble bipolaire est un des critères d'exclusion du jeu pathologique, il faudrait vérifier le diagnostic des participants dont le trouble bipolaire est de 85+ pour examiner s'ils devraient suivre un traitement pour ce trouble, ou tout au moins un traitement intégré mieux adapté à leurs symptômes.

Cela dit, les syndromes cliniques trouvés dans l'échantillon peuvent être considérés comme un autre indicateur de détresse psychologique chez les joueurs pathologiques, tel que proposé dans la deuxième hypothèse de l'étude.

En outre, les troubles comorbides à l'Axe I trouvés dans l'échantillon sont similaires à ceux trouvés dans les différentes études mentionnées au début de ce texte. Selon ces études, les troubles de l'humeur et les troubles anxieux sont très fréquents chez les joueurs pathologiques (Kessler et al., 2008; Petry et al., 2005; Petry et Kiluk, 2002; Smith et al., 2007).

Par ailleurs, même si les résultats soutiennent l'hypothèse d'une détresse psychologique chez les joueurs de l'échantillon, nos données ne permettent de savoir si la détresse existait avant le problème de jeu ou si elle est apparue comme une conséquence du jeu. Néanmoins, plusieurs études ont trouvé qu'une des conséquences négatives du jeu pathologique est une détresse psychologique caractérisée par des divers symptômes tels que le stress, le sentiment de culpabilité, la dépression, l'anxiété, l'idéation suicidaire et les tentatives de suicide (Desrosiers et Jacques, 2009; Ferland et al., 2008; Petry et al., 2005; Petry et Kiluk, 2002; Williams et al., 2011). Généralement, cette détresse n'est pas seulement causée par le problème du jeu, mais aussi par les autres conséquences associées, telles que les problèmes financiers, d'emploi et les difficultés interpersonnelles présentes chez les joueurs, ce qui pourrait être également le cas pour les participants de cette étude.

En ce qui concerne les troubles de la personnalité, les résultats montrent que les joueurs pathologiques qui suivent un traitement au centre de réadaptation en dépendance étudié sont fréquemment atteints de troubles de la personnalité comorbides. En effet, plus de la moitié de l'échantillon (55 %) présente un diagnostic probable d'au moins un trouble de la personnalité, selon le MCMI-III. Ce taux est similaire à celui trouvé dans le NESARC (Petry et al., 2005) où 60,82 % des joueurs pathologiques dans la population générale ont présenté un trouble de la personnalité.

Outre que le NESARC, plusieurs études ont démontré la comorbidité entre le jeu pathologique et les troubles de la personnalité (Bagby et al., 2008; Pelletier, 2006; Petry el al., 2005; Sacco et al., 2008; Sáez-Abad et Bertolín-Guillén, 2008). Néanmoins, il y a des différences en ce qui concerne les troubles de la personnalité les plus fréquents, ce qui pourrait être attribuable aux divers instruments utilisés dans les différentes études, aux différents échantillons sélectionnés et aussi aux différences culturelles (études faites aux États-Unis, au Canada, au Québec et en Espagne).

Dans cette étude, le trouble de la personnalité dépendante était le plus fréquent avec un taux de prévalence 7,05 fois plus élevé que celui trouvé dans le NESARC (Petry et al., 2005). Les autres troubles de la personnalité trouvés dans l'échantillon étaient : le TP dépressive, le TP narcissique, le TP masochiste (ces trois troubles n'étaient pas mesurés dans le NESARC), le TP antisociale, le TP schizoïde, le TP

58

évitante et le TP histrionique (qui étaient, respectivement, 2,33, 2,00, 2,79 et 5,24 fois plus élevés dans le NESARC que dans notre échantillon).

Plusieurs études ont démontré que les troubles de la personnalité se présentent souvent de façon comorbide avec les toxicomanies. Divers modèles ont été proposés pour expliquer cette comorbidité (Revington et Wilson, 2006). Parmi ces modèles, il y a ceux qui proposent que des facteurs communs (par exemple, des facteurs génétiques) contribuent à l'apparition des deux troubles. Selon d'autres modèles, les troubles de la personnalité sont un facteur de risque qui augmente la probabilité de développer une consommation d'alcool ou de drogues. Ainsi, les pensées et les symptômes bouleversants expérimentés par les personnes atteintes d'un trouble de la personnalité les amènent à consommer afin de réduire les émotions négatives et les sentiments de culpabilité qui sont souvent présents. D'autres modèles suggèrent, par contre, que c'est la consommation d'alcool ou de drogues qui cause ou empire les troubles mentaux (en incluant les troubles de la personnalité). Finalement, il y a des modèles bidirectionnels selon lesquels la vulnérabilité à présenter un des troubles est augmentée par la présence de l'autre trouble, l'un des troubles agissant comme un facteur de maintien de l'autre (Revington et Wilson, 2006). Même si ces modèles expliquent la comorbidité entre les troubles de la personnalité et les toxicomanies, ils pourraient aussi aider à expliquer la comorbidité entre les troubles de la personnalité et le jeu pathologique.

En ce qui concerne spécifiquement la relation entre le jeu pathologique et les troubles de la personnalité, quelques auteurs ont proposé que l'impulsivité qui est souvent présente dans les troubles de la personnalité a un rôle très important dans le développement du jeu pathologique (Fernández-Montalvo et Echeburúa, 2004; Steel et Blaszczynski, 1998).

Ce qui est clair est que la présence des troubles de la personnalité aggrave le problème de jeu ainsi que les autres symptômes qui peuvent être présents chez le joueur pathologique (tels que l'anxiété, la dépression, la consommation d'alcool ou de drogues, la détresse psychologique, les pensées suicidaires et les tentatives de suicide) et augmente le coefficient de difficulté du traitement. En fait, il est plus probable que les personnes atteintes d'un trouble de la personnalité quittent le traitement de façon prématurée, ce qui diminue son efficacité et augmente les risques de récidive (Fernández-Montalvo et Echeburúa, 2004; Revington et Wilson, 2006; Steel et Blaszczynski, 1998).

Conséquemment, il est important de bien identifier les troubles de la personnalité présents chez les joueurs pathologiques qui arrivent en traitement afin de bien répondre à leur situation et leurs besoins spécifiques.

Concomitance du jeu pathologique et du trouble de l'état de stress post-traumatique

Le troisième objectif de l'étude était d'évaluer la prévalence du trouble de l'ÉSPT chez les participants de l'échantillon pour examiner s'il y avait une concomitance entre ce trouble et le jeu pathologique. Comme on l'a déjà mentionné, cet objectif a été inclus dans le projet comme une demande spécifique de l'équipe clinique du centre de réadaptation en dépendance étudié.

Les résultats obtenus montrent que, selon le QÉT, la plupart des participants (87,5 %) ont vécu un ou plusieurs événements traumatiques au cours de leur vie, ce qui est similaire au 88,6 % trouvé par Ledgerwood et Petry (2006) dans une étude réalisée avec un échantillon clinique.

En ce qui concerne les symptômes du trouble de l'ÉSPT dans les deux dernières semaines, mesurés avec l'ÉMST, 30 % de l'échantillon ont présenté plusieurs symptômes mais seulement 17,5 % des participants ont présenté un diagnostic probable du trouble. La proportion trouvée par Ledgerwood et Petry (2006) était presque deux fois plus élevée (34,2 % des joueurs ont présenté un trouble de l'ÉSPT). Néanmoins, le 17,5 % trouvé dans cette étude est légèrement supérieure à la proportion trouvée par Kessler et al. (2008) auprès des joueurs pathologiques dans la population générale, où 14,8 % d'entre eux présentaient le trouble.

Cela dit, le trouble de l'ÉSPT est présent chez les participants de l'étude, ce qui soutient la troisième hypothèse sur la concomitance de ce trouble et le jeu pathologique. Une possible explication de cette concomitance a pour objet les caractéristiques similaires partagées par les deux troubles, principalement l'impulsivité et la dissociation (Ledgerwood et Petry, 2006).

De plus, plusieurs études ont démontré que le trouble de l'ÉSPT se présente souvent de façon comorbide avec d'autres troubles, tels que la dépression et la consommation d'alcool ou de drogues (problématiques présentes chez les joueurs en traitement au centre de réadaptation en dépendance étudié).

En fait, selon une étude réalisée par Simoneau et Guay (2008), la concomitance entre le trouble de l'ÉSPT et les toxicomanies peut être expliquée par plusieurs hypothèses incluant l'automédication (les substances seraient utilisées pour gérer les symptômes du trouble de l'ÉSPT, tels que l'insomnie, l'hypervigilance, la détresse psychologique, etc.) et le manque de soutien social (expliqué par les difficultés interpersonnelles et les pertes de relations causées soit par la consommation de substances soit par le cycle de victimisation vécu par des survivants des événements traumatiques). Ces mêmes hypothèses pourraient aussi expliquer la concomitance entre le trouble de l'ÉSPT et le jeu pathologique chez l'échantillon étudié.

Limites de l'étude

La présente étude comporte néanmoins certaines limites. Premièrement, un échantillon plus grand aurait rendu les résultats plus faciles à analyser ainsi que plus généralisables. Cependant, le choix de la taille de l'échantillon a été considéré approprié pour une étude pilote comme celle-ci ayant pour but la description des troubles comorbides chez les joueurs en traitement au centre. De plus, un échantillon composé des participants avec une durée de traitement moins hétérogène aurait aussi aidé à obtenir des résultats plus clairs. Également, il faut prendre en considération qu'il y a des participants qui ne présentent pas un problème de jeu pathologique actuellement, même s'ils ont été initialement admis en traitement pour cette problématique. Donc, il faut être prudent quant à la présence d'une comorbidité chez ces participants.

Deuxièmement, même si on sait que la plupart des participants sont des joueurs pathologiques, on n'a pas obtenu d'information concernant leurs habitudes de jeu ni l'âge du début des problèmes de jeu. Pour cette raison, on ne peut pas savoir si les troubles comorbides existaient avant la survenue des problèmes du jeu ou s'ils sont apparus après, comme une conséquence du jeu pathologique.

Troisièmement, même si on observe des différences entre les taux obtenus à partir de cet échantillon clinique et ceux trouvés dans les études normatives, on n'est pas capable de dire si ces différences sont significatives parce que les tests statistiques nécessaires pour le faire n'ont pas été effectués. Cette limite s'applique aussi pour les différences apparentes observées entre les hommes et les femmes sur certaines variables cliniques.

Finalement, une des limites les plus importantes porte sur les réserves quant à la comparabilité des données de l'étude avec les données normatives, étant donné que les variables cliniques dans cette étude ont été évaluées à l'aide de questionnaires auto-rapportés tandis que la plupart des études auprès de la population générale ont utilisé des entrevues structurées pour mesurer les variables. Cette différence méthodologique rend difficile la comparaison des taux entre l'échantillon clinique et les données normatives et doit être prise en considération en interprétant les résultats et conclusions de cette étude.

Cependant, on peut conclure que plusieurs joueurs pathologiques qui sont en traitement sont atteints des troubles comorbides. Toutefois, d'autres recherches s'avèrent essentielles pour répliquer les résultats obtenus lors de cette étude et aussi, pour identifier d'autres troubles comorbides qui pourraient être présents chez les joueurs. Une compréhension profonde de cette comorbidité contribuera à améliorer et mieux adapter le traitement offrit aux joueurs pathologiques.

CONCLUSION

Selon la plupart des études faites sur ce sujet, les joueurs pathologiques sont souvent atteints d'autres troubles comorbides qui aggravent leur situation déjà difficile à cause des problèmes de jeu et de ses conséquences. Pour cette raison, le but de cette étude était d'évaluer la comorbidité chez les joueurs pathologiques admis en traitement dans le centre de réadaptation en dépendance étudié, afin de mieux répondre à leurs besoins et de les aider non seulement avec leurs problèmes de jeu mais aussi avec les symptômes causés par les troubles comorbides.

Le premier objectif était d'évaluer la consommation d'alcool et de drogues pour voir si les joueurs pathologiques présentaient aussi ce type de problèmes. Le deuxième objectif était d'identifier la présence d'une détresse psychologique chez les participants à travers l'évaluation des symptômes (tels que l'anxiété, la dépression, les pensées suicidaires et les tentatives de suicide), des syndromes cliniques et des troubles de la personnalité. Le troisième objectif était d'identifier la présence du trouble de l'ÉSPT chez les joueurs pathologiques pour évaluer la concomitance entre ces deux problématiques.

L'étude a été réalisée à Montréal, Canada, auprès d'un échantillon clinique composé par 40 participants qui ont été recrutés au Programme jeu pathologique, d'un centre de réadaptation en dépendance, durant une période de six mois. Les six instruments de mesure utilisés incluent : l'IGT (évaluation de sept sphères de la vie de la personne : alcool, drogues, santé physique, état psychologique, relations interpersonnelles, situation d'emploi et situation judiciaire), l'ICJE (évaluation de la gravité du jeu dans les 12 derniers mois), l'AUDIT (évaluation de la consommation à risque d'alcool dans les 12 derniers mois), le MCMI-III (évaluation des syndromes cliniques et des troubles de la personnalité à vie), le QÉT (évaluation des différents types d'événements traumatiques vécus) et l'ÉMST (évaluation des symptômes du trouble de l'état de stress post-traumatique dans les deux dernières semaines).

En ce qui concerne la première hypothèse de l'étude, les résultats montrent qu'il y a effectivement une concomitance des problèmes de jeu pathologique et de consommation d'alcool et de drogues. En fait, selon les résultats de l'AUDIT et de l'IGT, 25 % des participants présentent des problèmes actuels avec leur consommation d'alcool (ce qui est 1,56 fois plus élevé que dans la population québécoise) et parmi le 75 % qui ne consomme plus, 40 % présentent des histoires importantes de consommation dans le passé. En termes de la consommation de drogues, 27,5 % présentent de problèmes actuels (ce qui est 1,72 fois plus élevé que dans la population québécoise). De plus, lorsqu'on considère la consommation des plusieurs substances, 20 % des participants présentent des histoires de poly-consommation dans le passé.

En ce qui concerne la deuxième hypothèse de l'étude, les résultats montrent qu'en effet, les joueurs pathologiques présentent une détresse psychologique caractérisée par la présence des symptômes et des syndromes cliniques ainsi que des troubles de la personnalité. Selon l'IGT, la grande majorité de l'échantillon (87,5 %) ont présenté des symptômes d'anxiété et de dépression à vie (ce qui est 7,81 et 6,29 fois plus élevé, respectivement, que dans la population québécoise), 70 % ont eu des pensées suicidaires à vie et 40 % ont fait de tentatives de suicide à vie (4,86 et 11,43 fois plus élevé, respectivement, que dans la population québécoise). Selon le MCMI-III, plus de la moitié de l'échantillon (52,5 %) ont présenté un diagnostic probable d'au moins un syndrome clinique dont les plus fréquents étaient : l'anxiété (27,5 %), la dépression majeure (25 %) et la dysthymie (15 %). En outre, plus de la moitié de l'échantillon (55 %) a aussi présenté un diagnostic probable d'au moins un trouble de la personnalité, ce qui est similaire au taux trouvé dans le NESARC auprès des joueurs pathologiques dans la population générale. Si on considère l'échelle la plus élevée de chaque participant, les troubles de la personnalité les plus fréquents étaient : dépendante (35 %), dépressive (15 %), narcissique (12,5 %), antisociale (12,5 %), schizoïde (10 %) et histrionique (5 %). Dans ce cas, la personnalité dépendante a été 7,05 fois plus élevée que dans le NESARC.

En ce qui concerne la troisième hypothèse de l'étude, les résultats montrent qu'il y a une concomitance entre le jeu pathologique et le trouble de l'ÉSPT pour 17,5 % de l'échantillon selon les scores obtenus dans l'ÉMST, ce qui est légèrement supérieur au taux trouvé dans la population générale selon la *National Comorbidity Survey Replication* (NCS-R). De plus, 30 % des participants de l'échantillon ont présenté des symptômes du trouble, même s'ils n'ont pas atteindre le seuil pour avoir un diagnostic probable du trouble. Finalement, selon les résultats du QÉT, la grande majorité de l'échantillon (87,5 %) a vécu au moins un événement traumatique au cours de la vie.

Comme on peut le constater, la comorbidité est un problème très fréquent chez les joueurs pathologiques. Dans l'échantillon étudié, une proportion importante des participants a présenté d'autres troubles concomitants. Ces résultats ont des implications importantes. En fait, il faut reconnaître que la comorbidité peut avoir un impact négatif sur le traitement du jeu pathologique (par exemple, en causant un abandon prématuré du traitement). De plus, les troubles comorbides aggravent les malaises et les difficultés vécues par les joueurs et augmentent leur risque de récidive même à l'issue du traitement. Pour cette raison, il est essentiel d'identifier les troubles comorbides présents chez les joueurs qui arrivent aux centres de traitement afin d'être capables de bien répondre à leurs besoins, en leur offrant un traitement adapté aux difficultés et aux troubles particuliers de chaque individu.

LISTE DES RÉFÉRENCES

American Psychiatric Association. (1980). *Diagnostic and Statistical Manual of Mental Disorders* (3rd ed.). Washington, DC: Author

American Psychiatric Association. (2000) *Diagnostic and Statistical Manual of Mental Disorders,* (4th ed., Text Revision). Washington, DC: Author.

American Psychiatric Association (2012) – *DSM V, classification jeu pathologique.* Récupéré le 9 avril 2012 :

http://www.dsm5.org/ProposedRevision/Pages/proposedrevision.aspx?rid=210

Babor, T.F., Higgins-Biddle, J.C., Saunders, J.B., and Monteiro, M.G. (2001). *AUDIT, The Alcohol Use Disorders Identification Test. Guidelines for Use in Primary Care.* (2nd edition). World Health Organization: Department of Mental Health and Substance Dependence.

Bagby, R.M., Vachon, D.D., Bulmash, E., and Quilty, L.C. (2008, April). Personality disorders and pathological gambling: A review and re-examination of prevalence rates. *Journal of Personality Disorders,* 22(2), 191-207.

Barnes, G.M., Welte, J.W., Hoffman, J.H., and Dintcheff, B.A. (2005). Shared predictors of youthful gambling, substance use, and delinquency. *Psychology of Addictive Behaviors,* 19(2), 165-174.

Bergeron, J., Landry, M., Brochu, S., et Guyon, L. (1998). *Indice de gravité d'une toxicomanie, adaptation de l'Addiction Severity Index (ASI) de McLellan, A.T., Lubborsky, L., O'Brien, C.P. (1980). Traduit et validé par le RISQ.* Montréal : RISQ.

Blaszczynski, A. (2000, March). Pathways to Pathological Gambling: Identifying Typologies. *Journal of Gambling Issues,* 1. Récupéré le 28 mars 2012 :

http://jgi.camh.net/doi/full/10.4309/jgi.2000.1.1

Campbell, C.S., Hartnagel, T.F. et Smith, G.J. (2005). *The Legalization of Gambling in Canada.* The Law Commission of Canada.

Caux, C. (2003). *Les politiques publiques en matière de casinos et de loteries instantanées. Le cas du Québec, de l'Ontario et de l'Australie.* Institut national de santé publique du Québec.

Cusack, K.J., Frueh, B.C., and Brady, K.T. (2004). Trauma history screening in a community mental health center. *Psychiatric Services,* 55(2), 157-162.

Dannon, P.N., Lowengrub, K., Aizer, A., and Kotler, M. (2006). Pathological gambling: Comorbid psychiatric diagnoses in patients and their families. *Isr J Psychiatry Relat Sci,* 43(2), 88-92.

Desrosiers, P. et Jacques, C. (2009). *Les services en jeu pathologique dans les centres en réadaptation en dépendance.* Association des centres de réadaptation en dépendance du Québec.

Ferland, F., Fournier, P.M., Ladouceur, R., Brochu, P., Bouchard, M. et Pâquet, L. (2008, December). Consequences of pathological gambling on the gambler and his spouse. *Journal of Gambling Issues,* 22, 219-229.

Fernández-Montalvo, J. and Echeburúa, E. (2004). Pathological gambling and personality disorders: An exploratory study with the IPDE. *Journal of Personality Disorders,* 18(5), 500-505.

Ferris, J. et Wynne, H. (2001). *L'indice canadien du jeu excessif. Rapport final.* Centre canadien de lutte contre l'alcoolisme et les toxicomanies. Récupéré le 5 février 2011 : http://www.ccsa.ca/2003%20and%20earlier%20CCSA%20Documents/ccsa-010082-2001.pdf

Fong, T.W. (2005, March). The biopsychosocial consequences of pathological gambling. *Psychiatry,* 2(3), 22-30.

Gache, P., Michaud, P., Landry, U., Accietto, C., Arfaoui, S., Wenger, O., and Daeppen, J.B. (2005, November). The Alcohol Use Disorders Identification Test (AUDIT) as a screening tool for excessive drinking in primary care: reliability and validity of a French version. *Alcoholism: Clinical and Experimental Research,* 29(11), 2001-2007.

Grant, J.E., Kushner, M.G. and Kim, S.W. (2002). Pathological Gambling and Alcohol Use Disorder. *Alcohol Research and Health,* 26(2), 143-150.

Grant, J.E. and Kim, W. (2003, September). Comorbidity of impulse control disorders in pathological gamblers. *Acta Psychiatr Scand,* 108(3), 203-207.

Gray, M.J., Elhai, J.D., Owen, J.R., and Monroe, R. (2009). Psychometric properties of the Trauma Assessment for Adults. *Depression and Anxiety,* 26(2), 190-195.

Guay, S., Iucci, S., Marchand, A. et Martin, A. (2002). Validation de la version québécoise de l'échelle modifiée des symptômes du trouble de stress post-traumatique auprès d'un échantillon clinique. *Revue québécoise de psychologie,* 23(3), 257-269.

Haccoun, R. et Cousineau, D. (2007). *Statistiques. Concepts et applications.* Les Presses de l'Université de Montréal.

Hodgins, D.C. and el-Guebaly, N. (2010, March). The influence of substance dependence and mood disorders on outcome from pathological gambling: five-year follow-up. *Journal on Gambling Studies,* 26(1), 117-127.

Holtgraves, T. (2009, March). Evaluating the Problem Gambling Severity Index. *J Gambling Studies,* 25(1), 105-120.

Kairouz, S., Nadeau, L., and Lo Siou, G. (2005, September). Area variations in the prevalence of substance use and gambling behaviours and problems in Quebec: A multilevel analysis. *Canadian Journal of Psychiatry,* 50(10), 591-598.

Kairouz, S., Boyer, R., Nadeau, L., Perreault, M. et Fiset-Laniel, J. (2008). *Troubles mentaux, toxicomanie et autres problèmes liés à la santé mentale chez les adultes québécoises. Enquête sur la santé dans les collectivités canadiennes (cycle 1.2),* Québec : Institut de la statistique du Québec.

Kairouz, S., Nadeau, L. et Paradis, C. (2011, Avril). *Enquête ENHJEU-QUÉBEC. Portrait du jeu au Québec : prévalence, incidence et trajectoires sur quatre ans.* Université Concordia : Laboratoire de recherche Habitudes de vie et Dépendances. Récupéré le 10 avril 2012 : http://socianth.concordia.ca/documents/RapportdetapeENHJEU-QUEBEC 28avril2011.pdf

Kessler, R.C., Hwang, I., LaBrie, R., Petukhova, M., Sampson, N.A., Winters, K.C. et al. (2008, September). The prevalence and correlates of DSM-IV pathological gambling in the National Comorbidity Survey Replication. *Psychol Med,* 38(9), 1351-1360.

Ledgerwood, D.M., Steinberg, M.A., Wu, R., and Potenza, M.N. (2005). Self-report gambling-related suicidality among gambling helpline callers. *Psychology of Addictive Behaviors, 19,* 175-183.

Ledgerwood, D.M. and Petry, N.M. (2006, June). Posttraumatic Stress Disorder Symptoms in Treatment-Seeking Pathological Gamblers. *Journal of Traumatic Stress,* 19(3), 411-416.

Ledgerwood, D.M. and Petry, N.M. (2010, September). Subtyping Pathological Gamblers Based on Impulsivity, Depression, and Anxiety. *Psychology of Addictive Behaviors,* 24(4), 680-688.

Llewellyn, D.J. (2008). The psychology of risk taking: Toward the integration of psychometric and neuropsychological paradigms. *American Journal of Psychology,* 121(3), 363-376.

Milosevic, A. and Ledgerwood, D.M. (2010, June). The subtyping of pathological gambling : A comprehensive review. *Clinical Psychology Review,* 30, 988-998.

Millon, T., Millon, C., Davis, R. and Grossman, S. (2006). *MCMI-III, Millon Clinical Multiaxial Inventory-III.* Manual (4th edition). Pearson.

Mitzner, G.B., Whelan, J.P., and Meyers, A.W. (2010, October). Comments from the Trenches: Proposed changes to the DSM-V classification of pathological gambling. *J Gambl Stud,* 27, 517-521.

Nadeau, L., Landry, M., and Racine, S. (1999, August). Prevalence of Personality Disorders Among Clients in Treatment for Addiction. *Can J Psychiatry,* 44, 592-596.

Newman, S.C. and Thompson, A.H. (2007, September). The association between pathological gambling and attempted suicide: Findings from a national survey in Canada. *Canadian Journal of Psychiatry,* 52(9), 605-613.

Pelletier, O. (2006). *Troubles de la personnalité et jeu pathologique : Comorbidité et predicteurs d'abandon du traitement.* Université Laval : Thèse pour l'obtention du grade de Philosophiae Doctor.

Petry, N.M. and Kiluk, B.D. (2002). Suicidal Ideation and Suicide Attempts in Treatment-Seeking Pathological Gamblers. *The Journal of Nervous and Mental Disease,* 190(7), 462-469.

Petry, N.M., Stinson, F.S., and Grant, B.F. (2005, May). Comorbidity of DSM-IV pathological gambling and other psychiatric disorders: Results from the National Epidemiologic Survey on Alcohol and Related Conditions. *J Clin Psychiatry,* 66(5), 564-574.

Petry, N.M. (2007, January). Concurrent and predictive validity of the Addiction Severity Index in pathological gamblers. *The American Journal of Addictions,* 16(4), 272-282.

Petry, N.M. (2007). Gambling and substance use disorders: Current status and future directions. *American Journal on Addictions,* 16, 1-9.

Reinert, D.F. and Allen, J.P. (2007, January). The Alcohol Use Disorders Identification Test: an update of research findings. *Alcoholism: Clinical and Experimental Research,* 31(2), 185-199.

Revington, N. and Wilson, K.G. (2006). Prevalence of personality disorders in persons with substance dependence and the related implications of this co-morbidity for diagnosis and treatment. Récupéré le 16 mai 2012:

http://www.cleanstart.co.za/NicolaRevingtonArticle27September2006FINA.pdf

Reyna, V.F. and Rivers, S.E. (2008, March). Current theories of risk and rational decision making. *Dev Rev,* 28(1), 1-11.

Rush, B.R., Bassani, D.G., Urbanoski, K.A., and Castel, S. (2008, November). Influence of co-occurring mental and substance use disorders on the prevalence of problem gambling in Canada. *Addiction,* 103(11), 1847-1856.

Sacco, P., Cunningham-Williams, R.M., Ostmann, E., and Spitznagel, E.L. (2008, October). The association between gambling pathology and personality disorders. *J Psychiatr Res,* 42(13), 1122-1130.

Sáez-Abad, C. and Bertolín-Guillén, J.M. (2008). Personality traits and disorders in pathological gamblers versus normal controls. *Journal of Addictive Diseases,* 27(1), 33-40.

Simoneau, H. et Guay, S. (2008, Décembre). Conséquences de la concomitance des troubles liés à l'utilisation de substances et à l'état de stress post-traumatique sur le traitement. *Drogues, santé et société,* 7(2), 125-160.

Smith, G., Hodgins, D.C., and Williams, R.J. (2007). *Research and measurement issues in gambling studies.* Oxford: Elsevier.

Statistique Canada. *Les seuils de faible revenue de 2005 et les mesures de faible revenu de 2004.* Conseil canadien de développement social. Récupéré le 13 mars 2012 :

http://www.ccsd.ca/francais/statistiques/economique/pauvrete/index.htm

Steel, Z. and Blaszczynski, A. (1998). Impulsivity, personality disorders and pathological gambling severity. *Addiction,* 93(6), 895-905.

Temcheff, C.E., Derevensky, J.L., and Paskus, T.S. (2011, August). Pathological and disordered gambling: a comparison of DSM-IV and DSM-V criteria. *International Gambling Studies,* 11(2), 213-220.

Valleur, M. et Bucher, C. (2006). *Le jeu pathologique.* Paris: Armand Colin.

Wetzler, S. (1990, December). The Millon Clinical Multiaxial Inventory (MCMI): a review. *Journal of Personality Assessment,* 55(3-4), 445-464.

Williams, R.J., Rehm, J., and Stevens, R.M.G. (2011). *The Social and Economic Impacts of Gambling.* Final Report prepared for the Canadian Consortium for Gambling Research.

Winters, K.C. and Kushner, M.G. (2003). Treatment issues pertaining to pathological gamblers with a comorbid disorder. *Journal of Gambling Studies,* 19(3), 261-277.

ANNEXES

Taux de prévalence des troubles psychiatriques comorbides
chez les joueurs pathologiques (NESARC)

Trouble comorbide à vie	Taux de prévalence chez les joueurs pathologiques (%)	Odds ratio
Trouble de consommation d'alcool	73,22	6,0
Abus d'alcool	25,42	1,4
Dépendance à l'alcool	47,79	5,6
Trouble de consommation des drogues	38,10	4,4
Abus des drogues	26,92	3,5
Dépendance aux drogues	11,18	3,5
Dépendance à la nicotine	60,37	6,7
Troubles de l'humeur	49,62	4,4
Dépression	36,99	3,3
Dysthymie	13,20	3,3
Épisode maniaque	22,80	8,0
Épisode hypomaniaque	4,66	1,8
Troubles anxieux	41,30	3,9
Trouble panique avec agoraphobie	5,09	5,2
Trouble panique sans agoraphobie	13,13	4,2
Phobie sociale	10,55	2,2
Phobie spécifique	23,54	3,5
Anxiété généralisée	11,15	3,1
Troubles de la personnalité	60,82	8,3
Évitante	13,96	6,5
Dépendante	3,19	5,5
Obsessionnelle-compulsive	28,45	4,6
Paranoïaque	24,08	6,1
Schizoïde	14,97	5,0
Histrionique	13,10	6,9
Antisociale	23,31	6,0

* Petry et al. (2005)

ANNEXE 2

Caractéristiques sociodémographiques des différents types de joueurs

Variable	N	%	Joueurs sans problème (%)	Joueurs à faible risque (%)	Joueurs à risque modéré (%)	Joueurs pathologiques probables (%)
Total	40	100	2,5	5	7,5	85
Sexe						
Hommes	25	62,5	4	4	8	84
Femmes	15	37,5	0	6,7	6,7	86,7
Groupe d'âge						
0-24 ans	1	2,5	0	0	0	100
25-54 ans	22	55	4,5	4,5	4,5	86,4
55-64 ans	9	22,5	0	0	11,1	88,9
65 ans et plus	8	20	0	12,5	12,5	75
Groupe ethnique						
Nés au Québec	33	82,5	3	6,1	6,1	84,8
Autre	7	17,5	0	0	14,3	85,7
État civil						
Mariés	2	5	0	0	0	100
Union libre	8	20	0	0	12,5	87,5
Séparés/divorcés	11	27,5	0	0	9,1	90,9
Veuf/ves	2	5	0	0	50	50
Célibataires	17	42,5	5,9	11,8	0	82,4
Niveau de scolarité						
12 années maximum	22	55	0	4,5	4,5	90,9
Cégep (partiel ou complété)	14	35	0	7,1	14,3	78,9
Université (partielle ou complétée)	4	10	25	0	0	75

Variable	N	%	Joueurs sans problème (%)	Joueurs à faible risque (%)	Joueurs à risque modéré (%)	Joueurs pathologiques probables (%)
Occupation actuelle						
Travail temps plein	18	45	5,6	5,6	5,6	83,3
Travail temps partiel	5	12,5	0	0	20	80
Retraite / invalidité	10	25	0	10	10	80
Aide sociale	5	12,5	0	0	0	100
Autre	2	5	0	0	0	100
Revenu personnel annuel						
Moins de 11 999 $	6	15	0	0	0	100
12 000-19 999 $	10	25	0	20	0	80
20 000-29 999 $	15	37,5	6,7	0	6,7	86,7
30 000-39 999 $	3	7,5	0	0	33,3	66,7
40 000 $ et plus	6	15	0	0	16,7	83,3

ANNEXE 3

Comparaison des troubles comorbides chez les joueurs pathologiques de l'échantillon et chez les joueurs pathologiques dans la population générale

Troubles chez les JP de l'échantillon *(instrument de mesure)*	Prévalence (%)	Troubles chez les JP dans la population générale	Prévalence (%)	Source
Alcool / drogues :				
Consommation problématique d'alcool *(IGT – à vie)*	65	Abus d'alcool *(à vie)*	25,42	NESARC[1]
Consommation d'alcool à risque *(AUDIT – 12 derniers mois)*	25	Consommation excessive d'alcool *(12 derniers mois)*	16	ESCC 1,2[2]
Dépendance à l'alcool *(MCMI-III – à vie)*	15	Dépendance à l'alcool *(à vie)*	47,79	NESARC
		Dépendance à l'alcool *(12 derniers mois)*	1,8	ESCC 1,2
Consommation problématique de drogues *(IGT – à vie)*	27,5	Abus de drogues *(à vie)*	26,92	NESARC
		Dépendance aux drogues *(à vie)*	11,18	NESARC
Dépendance aux drogues *(MCMI-III – à vie)*	10	Usage de cannabis *(12 derniers mois)*	12,8	ESCC 1,2
		Usage de substances illicites, en excluant le cannabis *(12 derniers mois)*	3,2	ESCC 1,2

Troubles chez les JP de l'échantillon *(instrument de mesure)*	Prévalence (%)	Troubles chez les JP dans la population générale	Prévalence (%)	Source
Troubles à l'Axe I :				
Symptômes d'anxiété *(IGT – à vie)*	87,5	Troubles anxieux *(à vie)*	41,30	NESARC
		Troubles anxieux *(à vie)*	11,2	ESCC 1,2
Anxiété *(MCMI-III – à vie)*	27,5	Troubles anxieux *(12 derniers mois)*	4,2	ESCC 1,2
Symptômes de dépression *(IGT – à vie)*	87,5	Épisode dépressif majeur *(à vie)*	36,99	NESARC
		Dépression majeure *(à vie)*	13,9	ESCC 1,2
Dépression majeure *(MCMI-III – à vie)*	25	Dépression majeure *(12 derniers mois)*	4,8	ESCC 1,2
Pensées suicidaires *(IGT – à vie)*	70	Pensées suicidaires *(à vie)*	14,4	ESCC 1,2
Tentatives de suicide *(IGT – à vie)*	40	Tentatives de suicide *(à vie)*	3,5	ESCC 1,2
Diagnostic probable du trouble de l'ESPT *(ÉMST – 2 dernières semaines)*	17,5	Trouble de l'ÉSPT *(à vie)*	14,8	NCS-R[3]

Troubles chez les JP de l'échantillon *(instrument de mesure)*	Prévalence (%)	Troubles chez les JP dans la population générale	Prévalence (%)	Source
Troubles à l'Axe II : *(MCMI-III – à vie[4,5])*				
Diagnostic d'au moins un TP[6]	55	Présence d'un TP	60,82	NESARC
TP dépendante	22,5	TP dépendante	3,19	NESARC
TP dépressive	20			
TP narcissique	15			
TP antisociale	10	TP antisociale	23,31	NESARC
TP masochiste	10			
TP schizoïde	7,5	TP schizoïde	14,97	NESARC
TP évitante	5	TP évitante	13,96	NESARC
TP histrionique	2,5	TP histrionique	13,10	NESARC
TP sadique	0			
TP compulsive	0	TP obsessionnelle-compulsif	28,45	NESARC
TP négativiste	0			
TP schizotypique	0			
TP limite	0			
TP paranoïaque	0	TP paranoïaque	24,08	NESARC

[1] Le *National Epidemiologic Survey on Alcohol and Related Conditions* (NESARC) a mesuré la prévalence à vie de tous les troubles en utilisant *l'Alcohol Use Disorder and Associated Disabilities Interview Schedule – DSM-IV (*AUDADIS-IV) (Petry et al., 2005).

[2] L'Enquête sur la santé dans les collectivités canadiennes, cycle 1,2 (ESCC 1,2) a utilisé le *Composite International Diagnostic Interview* (CIDI) pour évaluer la prévalence des différents troubles (Kairouz et al., 2008).

[3] Le *National Comorbidity Survey Replication* (NCS-R) a utilisé le CIDI pour évaluer la prévalence à vie du trouble de l'ÉSPT (Kessler et al., 2008).

[4] Le seul instrument utilisé dans cette étude pour évaluer les troubles de la personnalité était le MCMI-III.

[5] Tous les résultats montrés où le MCMI-III a été utilisé sont selon le seuil de 85+.

[6] TP = troubles de la personnalité.